到花蓮設廠開採，張才雄（左三）謹記徐有庠創辦人（右五）交代，做好植生綠化，避免對環境造成衝擊。

張才雄愛爬山，二〇〇七年和徐旭東董事長巡視江西廠時，兩人還一起抽空爬黃山並且攻頂。

張才雄每回到江西亞東，總會到廠內的創辦人紀念銅像前致意，感念他生前的提攜與信任。

張才雄（中）常說自己是「夥計」，但徐旭東董事長（左）待他卻如家中「長輩」般敬重。

二〇〇八年五月二十日，張才雄（右五）陪同徐旭東董事長（左五）出席亞泥（中國）在香港掛牌上市儀式。

張才雄十分感念創辦人及董事長於一九九四年致贈的「功在亞泥」金牌，視為是對他一生事業努力的最高肯定。

徐旭東董事長於二〇〇三年頒贈的「傑出貢獻獎」，也是張才雄珍藏的獎座之一。

亞泥新竹廠

位在新竹縣橫山鄉的亞泥新竹廠，於一九六〇年建廠完成，是亞泥的第一座現代化水泥廠。

亞泥新竹廠當年透過空中索道，將十公里外的石灰石，載運到廠裡，生產成水泥。

亞泥新竹廠

一九六〇年，時任行政院政務委員的蔣經國（左四）視察亞泥新竹廠。

一九七〇年，前財政部長李國鼎（左一），出席亞泥新竹廠四號窯按鈕點火儀式。

亞泥花蓮廠

亞泥花蓮廠落腳於花蓮縣新城鄉，日後成為花蓮最重要產業之一。

亞泥花蓮廠

一九七五年，時任行政院長的蔣經國，積極推展十大建設，曾私下參觀亞泥花蓮廠，關心東部產業發展。

亞泥花蓮廠

一九七五年，前副總統謝東閔（前排右二）參觀亞泥花蓮廠。

前行政院長俞國華（左）參觀亞泥花蓮廠，徐有庠創辦人（右）親自接待。

亞泥花蓮廠

一九七五年，張才雄主持亞泥花蓮廠一號窯點火儀式。

亞泥花蓮廠中控室採用先進的自動控制系統。讓徐有庠創辦人（前排中）和張才雄（前排右）相當自豪。

亞泥花蓮廠

一九九二年，亞泥花蓮廠三號窯，同時也是兩岸第一套短窯點火，高階主管齊聚、貴賓雲集。

台灣第一套廢熱發電系統啟用儀式，這也是亞泥花蓮廠自豪的節能減碳設備。

亞泥花蓮廠

亞泥花蓮廠三號窯中控室配置 AsiaTech 自動控制系統。

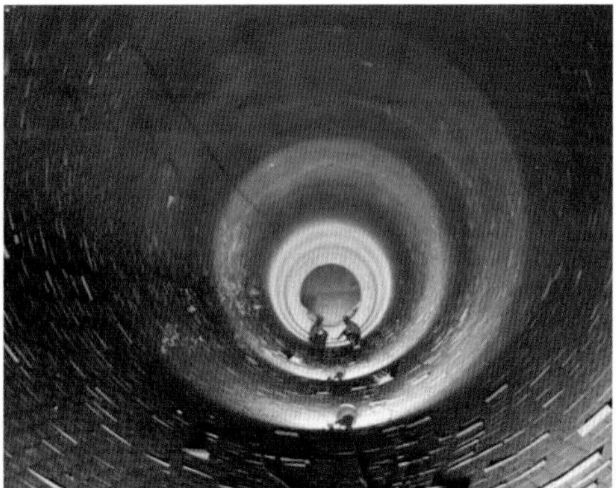

亞泥花蓮廠三號窯是兩岸第一套短窯，節省成本效能高，張才雄引以為傲。

而廠區大門是由重慶大學建築系畢業的高世緯先生所設計，並且複製於亞泥（中國）在大陸興建的每一座水泥廠。

亞泥生態園區是富有教育意義的生態教室，造訪過的遊客無不歎為觀止。

亞泥花蓮廠

亞泥花蓮廠推動綠色製程，大規模進行綠美化，屢獲花蓮縣政府城市綠美化金質獎肯定。

亞泥生態園區內的蝴蝶網室，全台最大，復育超過三十五種蝴蝶。

亞泥花蓮廠

亞泥生態園區內的休閒林園，栽種約兩百五十種台灣原生植物。

亞泥致力於礦場植被與森林景觀復育，成效備受各國專業人士肯定。

江西亞東

江西亞東廠區具有現代化設備，而且花木扶疏不冒灰。
（上圖：江西亞東一廠　下圖：江西亞東二廠）

江西亞東

江西亞東生活區綠樹環抱、碧波蕩漾，在工作之餘也能放鬆心情。

江西亞東

江西亞東一共有六套窯，是江西最大水泥生產基地，有水泥工藝美譽。
上圖：一、二號窯
下圖：五、六號窯

江西亞東

亞泥（中國）各廠點火或開業典禮，徐旭東董事長（左三）必定到場主持，表達重視之意。（圖為二〇〇〇年，江西亞東開業儀式）

二〇〇六年，張才雄（前排右一）與亞泥高階主管陪同徐旭東董事長（前排中）赴江西亞東參加歲末感恩活動，感謝同仁一年辛勞。

江西亞東

二〇〇六年，張才雄（左二）陪同徐旭東董事長（左三）視察江西亞東餘熱發電機房。

二〇一一年，張才雄已八十七歲高齡，仍率領江西亞東高階主管在第一線打拚。

四川亞東

二〇〇四年，張才雄（左一）陪同徐旭東董事長（左二）拜會四川省委書記張學忠（右二）和省長張中偉（右一）。

二〇〇六年，張才雄（右三）陪同徐旭東董事長（右五）和當地官員參加四川亞東二號窯奠基儀式。

四川亞東

二〇〇六年，張才雄陪同徐旭東董事長主持四川亞東一號窯點火儀式（上圖），並視察廠區（下圖），象徵亞泥正式立足四川。

四川亞東礦山長輸送帶工程

二〇〇八年，張才雄（前排左二）陪同徐旭東董事長（前排左四）視察四川亞東礦山長輸送帶工程。

四川亞東礦山長輸送帶興建工程，因地形崎嶇陡峭，部分路段只能靠騾子運送建材，騾子部隊堪稱幕後最大功臣之一。

完工後的四川亞東礦山長輸送帶，宛如巨龍般蜿蜒盤據山頭。

四川亞東礦山長輸送帶工程

四川亞東礦山長輸送帶具有創新、環保、低噪音特色。

汶川大地震

二〇〇八年汶川大地震，當時已八十四歲的張才雄，仍拄著拐杖趕赴四川亞東了解災情。

地震傷亡慘重，四川亞東偕同亞東醫院，積極投入救災，並設置救助站，提供最直接援助。

遠東集團捐資援建「新興亞東小學」，四川亞東每年捐助教育經費，培養學童才藝，張才雄也擔任榮譽校長至今。

新興亞東小學抗震程度八級，教學樓和宿舍可容納六百多名學生。

黃岡亞東 · 湖北亞東

二〇一〇年，張才雄（右）陪同湖北省委書記羅清泉（左）參觀黃岡亞東。

亞泥各廠藉由精密儀器，確保水泥品質，屢獲水泥獎項或標章。
（攝於湖北亞東品管組化驗室）

水泥專用船

「亞泥一號」是台灣造船史上第一艘全密閉自航自卸式水泥專用散裝船，也開創台灣水泥業「藍色公路」新頁。

二〇〇三年，江西亞東與長江航運集團合作成立長亞航運，建造「長亞一號」，是大陸第一艘全密閉自航自卸式水泥專用散裝船，運送過程零灰塵。

二〇〇七年，張才雄夫婦（左二、三）應邀陪同徐旭東董事長（左四）赴日參加裕民航運「裕浩輪」接船典禮。

亞泥（中國）各廠多位在長江沿岸，除了透過水運，運送笨重的水泥，大幅節省運輸成本外，也利用長輸送帶載運水泥原料，避免落地造成汙染。

前往揚州工作之餘，張才雄喜歡到瘦西湖走走。

二〇〇七年，張才雄（左三）陪同徐旭東董事長（右三）率亞泥主管登黃山。

二〇〇六年，徐旭東董事長和張才雄一家（上圖）及亞泥主管（下圖），利用公餘時間走訪著名的樂山大佛風景區。

結縭七十載，張才雄對妻子無私的付出，心中有著滿滿的感謝。
（攝於江西廬山美廬別墅）

張才雄夫婦一路相伴，患難與共，鶼鰈情深，令眾人羨慕。

張才雄年少隻身來台，在台灣落腳生根，如今已是幸福的三代同堂大家庭。

與泥結緣一甲子

亞泥張才雄回憶錄
水泥工藝領航者

張才雄 口述
趙愛卿 採訪

目錄

目錄

推薦序

永遠三十八歲的遠東人

遠東企業集團董事長
徐旭東

我跟張常董才雄先生相識相知已有半世紀之久，他是先父遠東集團創辦人徐有庠先生，一九六三年親自面試錄用的青年才俊，品德、能力和見識三者兼備。很高興看到這位備受尊敬的遠東人，花了很多心血，將他與亞泥攜手打拼，接近六十載的過往點滴付諸文字，出版《與泥結緣一甲子——水泥工藝領航者 亞泥張才雄回憶錄》，並邀請本人撰寫序文。基於深厚的故舊情誼，又同是熱愛工作的老同事，我當然義不容辭、欣然承應。

張常董四十歲進入亞泥新竹廠服務，從基層工程師一路做到廠長，他參與花蓮廠成立興建，帶領亞泥第一次重要的躍升。當時台灣的水泥工廠生產常造成環境汙染，礦山開採破壞自然生態，創辦人因此特別要求花蓮廠必須要重視環保。張常董考察了國外先進技術，解決製程中的汙染問題，此外，在新城山礦場採用低汙染的開採方式，同時進行植栽復育工作。他完成了創辦人交付的重責大任，讓水泥廠變得像公園，讓工業發展與環境保護得以並行不悖，也讓亞泥成為引領水泥行業綠色轉型的先驅。

花蓮廠落成之後，雖然擁有客戶肯定的高品質水泥產品，但卻面臨到陸路運輸瓶頸，為了有效將水泥載運出去，亞泥因此開啟了水路運輸的嶄新模式，我們決定向中船訂購全台第一艘散裝水泥專用船，這是選擇一條較不容易的道路，而張常董運用他的工程專業，毅然投入協助將計畫落實，順利在一九八〇年完成建造「亞泥一號」，使花蓮廠生產的水泥得以順利銷往台灣西部，甚至拓展至海外市場。

張常董讓我覺得最難能可貴的地方，是他永遠保持衝勁與活力，勇於開創新局及接受挑戰。他在卸下亞泥總經理職務後，一九九三年受創辦人所託考察大陸市場，帶著團隊大江南北探勘適合的礦源。三年後，隨著遠東集團正式回到大陸設立紡織廠，擁有鋼鐵般意志的張常董，儘管已經年逾七旬，依然充滿鬥志，帶領著子弟兵披荊斬棘，終於把最好的水泥廠，帶回他出生的故鄉——江西。

還記得二〇〇〇年九月，江西亞東水泥廠盛大地舉辦了一號窯的點火典禮，與會的大陸中央及地方領導們，親眼目睹了最現代化的設備以及最高規格的環保示範，為亞泥中國豎立了良好的企業形象。當武漢致力於發展經濟時，提供長江邊上一塊基地希望我們前往投資，當時張常董一通電話告知此事，我請他隔日就把此案定下來，一方面是看好當地發展條件，一方面也是對於張常董的充分信任。事實也證明，常董規畫沿長江布局的策略相當成功，奠定亞泥中國發展的重要基礎。

二〇〇八年五月二十日，亞泥中國在香港掛牌上市，這是公司非常重要的里程碑。常董偕同多位主管提前趕到香港準備，我則於十二日下午兩點飛抵香港。不料突然傳來四川汶川發生芮氏規模八點二的大地震，災情慘重。他心急如焚，買不到直達成都的機票，只好第二天先飛抵武漢，第三天才輾轉到達成都。相較於附近其他水泥廠的嚴重損毀，四川亞東僅輕微受損，生產線很快就恢復正常運作。這要歸功於張常董督導建造的水泥廠，工廠結構設計嚴謹，因此才能降低災害的風險。

成功布局中國大陸市場，這是張常董帶領亞泥第二次重要的躍升。自他答應創辦人到內地設廠，順利開出第一條水泥生產線，之後又投入十多年的光陰，帶領團隊繼續把事業做大做強，直到二〇一四年以九十高齡卸下副董事長一職。這段期間內，他把最環保先進的設備引進內地，更以循環經濟締造多贏局面，吸引海內外業者前來觀摩學習，帶動各地水泥廠開始注重提昇環境優化，成為綠色環保水泥廠的典範。而透過持續努力擴充加上轉投資的整併產能，亞泥中國現已成為中國前十大水泥集團之一。中國大陸發展最快的黃金十年中，張常董風塵僕僕於各省間奔波，樂於工作從不言累，由於他的這份堅持，才能讓亞泥在大陸市場交出如此亮麗的成績單。

於公，張常董是我倚賴的領導者及管理者；於私，他是我非常欽佩的實踐家，注重規律健康的生活。他喜歡爬山、運動、散步，堅持住在宿舍最高樓層，每天爬好幾次樓梯來鍛鍊體力。二〇〇〇年十月時，常董因為身體不適赴亞東醫院檢查，經醫生囑咐必須立刻開刀。我事先託囑朱樹勳院長及主治醫師，一定要給予最好的醫療照顧，然而開刀當天仍不放心，一大清早趕到醫院為他加油打氣，直到他手術順利完成才離開。所幸常董平時注重養身之道，加上堅強的意志力，終能順利恢復健康。

二〇〇七年十月底，我與亞泥重要幹部相約攀登黃山，下午一點多走到光明頂時，常董有點發燒，由於當下鄰近旅館已無空房，我擔心他身體狀況，只能請他坐在投幣式按摩椅上，大家焦急地輪流投幣，希望舒緩他的不適。儘管如此，他仍不願搭乘轎子，八十三歲的他堅持步行登頂，到山頂上預定的旅館休息過夜。由此不難發現，常董對於既定的目標，擁有過人的耐力與毅力，勢必盡全力完成，不容輕言放棄。

張常董和所有遠東人一樣，非常重視企業社會責任，更熱心支持教育，多年來常慷慨解囊贊助學校發展與公益活動。他做公益不落人後，在私領域則十分低調。印象中只有二〇一四年八月，適逢他九秩華誕，孝順的子女特別在遠東飯店為父親舉辦一場溫馨的生日派對，並邀請至親好友及亞泥資深同事到場同樂。當時他的夫人還特別上台獻唱，也讓大家對於他的家庭和樂與好人緣，甚為稱羡。

透過這本回憶錄，我們看到了亞洲水泥超過半世紀的發展與成長軌跡，即使在艱困的環境中，張常董以工業人實事求是的態度，致力完成諸多高難度工作。尤其在那段中國大陸戮力發展建設，亟需水泥建材的時期，他身先士卒肩負起返鄉建廠的艱鉅任務，對於亞泥中國的奠基功不可沒。

先父挑選了張常董，這位盡忠職守、全心投入、待人和善、個性溫暖的老同事，為亞泥承擔重任，西進締造新局，我們絕對是找到了對的人選。身為專業工程師，張常董專精於團隊合作建廠，為亞泥在中國大陸這二十多年的發展，漂亮地完成了開創性的第一階段任務；當建廠擴張工作暫告一段落後，放眼下一階段的亞泥中國，我站在全局觀審思，認為現在的團隊，應該在張常董奠定的基礎上，加強行銷力、策略競爭力以及聚焦市場投入等面向。從更廣泛的角度來看，儘管亞泥中國已經是一流水泥公司，但我們在混凝土事業的規畫，還可以有更多發揮的空間，在整體產業架構的建置還可以更加優化完善，才跟得上世界脈動、創新浪潮。

以今日全球趨勢與經營思維來看，要成為永續發展的業界標竿，企業需要重視環境保護（E, environment）、社會責任（S, social）和公司治理（G, governance）。在生產與製程技術方面，亞泥中國已有相當良好的基礎，接下來的目標是持續追求進步，需要建立更好的系統，有組織、有管理、有人才，宏觀且多元地開展ESG相關工作，這是成為卓越企業不容忽視的要件。

張常董認真敬業、一步一腳印，成功扮演了工業人的角色，成就集團水泥事業長足的進展，我們感謝他的付出與奉獻。在我心中，他始終充滿鬥志，是永遠三十八歲的遠東人。展望未來，百尺竿頭，更進一步，亞泥的發展篇章尚有未竟之功，我們的責任是延續常董的足跡，承繼他的精神，與亞泥兩岸所有同仁共同努力，攜手開創更美好的水泥事業願景。

推薦序

會走路的台灣水泥史

理律法律事務所資深合夥人
陳長文

在我父親那一輩，中國內憂外患、百廢待舉，通常報國有兩種方式，一個是從軍，一個是當工程師。而本書的主角，亞洲水泥的常董張才雄，就出生在江西一個工程師家庭，成為家裡的第五位工程師。

抗戰勝利後，二十四歲的張常董隨著政府接收人員來到台灣，就此落地生根。四十歲那年，他從公部門轉換跑道進入亞泥，開始與水泥密不可分的日子；他領導興建台灣最現代化的亞泥花蓮廠，更在七十一歲，已經可以退休的年紀，率領著亞泥團隊前進大陸，把花蓮廠的成功經驗，複製到江西、四川、湖北、黃岡。

為的就是創辦人徐有庠的一句話：「要把好的東西帶回去。」而這一去，就是二十個年頭，從七十歲到九十歲。回顧過去，張常董曾說，工程師能夠有機會按照自己的設計、想法去做一樣東西，這是求之不得的，「我感覺自己這一生值得了。」

一個人的人生，要能從容說出「值得」二字，並不容易，從本書中，可以看到張常董「值得人生」的四個面向。

第一個面向，專業是成功的根本。本書有許多我其實不太理解的工程名詞，但依然讀得津津有味，一窺工程師「解決問題」的成就感。特別是在經濟與環保之間，原本以為是衝突的，但水泥產業的特殊性，在於可以把其他產業（例如發電）的廢料變成自己的原料，也因為水泥窯的超高溫，可以協助處理垃圾或廢棄物，而且比焚化爐還要高的溫度，更能有效分解物質，不會有一般焚化爐所生戴奧辛的汙染。

工程師的專業，加上張常董人格特質中的細心、耐心、恆心，以及幾近於「獻身」的使命感，使得他一手創建的花蓮廠，沒有一般人以為的漫天煙塵，再加上獨有的植被綠化技術，讓亞泥擁有打進大陸市場的最好名片，筆者認為，這不是勉強就做得到的。

原本猶豫的大陸官方，在走訪一遍花蓮廠後，也驚覺「原來還有這樣子的水泥廠」，而改變態度，同意讓亞泥前進大陸設廠。

第二個面向，是遠見。二〇〇八年汶川地震，震央離亞泥成都廠不遠，但是亞泥成都廠僅停工七天就復工，在附近水泥廠全都震垮之際，成為災後重建所需水泥的主要來源；雖然供不應求，亞泥並沒有調漲價格。

汶川地震之前，四川百年來沒有發生過大地震，大陸官方規定的耐震係數是六級，但是張常董堅持要以花蓮廠的七級耐震標準，適用到亞泥成都廠。張常董當然不可能預見大地震的來臨，只能說一位真正的工程師，不會把成敗賭在運氣。

張常董的遠見，還體現在他對場址的選擇。水泥產業的運輸成本高，如何在礦場、水泥廠與市場之間，找出最短距離，就是維持競爭力的關鍵。

當年張常董為了解決花蓮後山的運輸問題，想到利用海運來取代陸運，購得第一艘水泥專用散裝船後，徐有庠創辦人乾脆要求他一併建立集團的航運公司，也就是現在的裕民航運，讓張常董從水泥業又跨到航運業。今年疫情讓航運股飆漲，外界戲稱亞泥「母以子貴」，這也是張常董無意間為集團孵出的一隻金雞母。

台灣的海運經驗，到了大陸應用在長江的水運；張常董避開已成紅海市場的沿海地區，深入內陸，由江西而四川，由四川而湖北，藉由長江來壓低運輸成本，也廣獲大陸同業效法。

當然，張常董不是神，說有「遠見」不是說他預見了後來的發展，而是一句俗話，「機會是留給準備好的人」，張常董時時把亞泥準備好，就永遠能夠應對變局。

第三個面向，是張常董與創辦人兩代父子之間的互信互重。張常董常說：「企業家只要大部分成功，就是成功，夥計卻沒有失敗的權利，必須自我要求，對老闆負責。」

這個觀念，在當代的企業文化中，已經愈來愈少見了。許多專業經理人，為了短期財報好看，寧願省去一些隱性成本，拿到績效獎金再說；而張常董的做法，卻是背道而馳。

筆者認為，這也不是一句「對老闆負責」就足以解釋，應該說張常董是對「自己做的事」負責，蓋一座廠就是要安全，這是工程師根深蒂固的價值觀，不會因為成本考量打了折扣。

當然，張常董能夠有這樣的空間，也要主事者能用人、信人。試想，當張常董決定在四川使用更高等級的防震標準，會不會有人說這是不必要的支出，而傳到老闆的耳中？

這樣的閒言閒語，當然少不了，但是創辦人徐有庠與董事長徐旭東父子，對張常董的信任與尊重，已經不能用「老闆與部屬」來解釋，更無寧說是，一種對「國士」的器重。

徐有庠創辦人，曾經對張常董說過一句話，「賺錢難，花錢更難」，我們不妨揣摩一下，為什麼花錢會是一件難事？

「錢」就是資源，對於一位企業家來說，賺到了錢，就要繼續運用，讓他發揮更大的效益，否則就是一種浪費。

同樣的，如果遇到一位不世出的部屬，創辦人也會覺得，如何讓這位部屬一展長才，為台灣、為中國大陸，做更多事情，這也是自己的責任。

創辦人在世時，對於張才雄的規畫幾乎是照單全收，甚至在給予亞泥員工破格的獎金制度時，直接有言在先「集團裡其他公司能夠跟亞泥一樣賺錢，都可以比照辦理」。

而當張常董因大腸癌開刀時，徐旭東董事長在早上六點趕到醫院，推著他的病床進開刀房，然後在外面與家屬一起等到手術結束。這種企業家與專業經理人間的情感，現在真的是比較少見了。

不過，相對於上述三點，更讓我印象深刻的第四個面向，是張常董對部屬同事的如數家珍。張常董受訪時，已經九十四、五歲了，他依然記得五十年前，一位電焊工，不眠不休地工作兩天，他看了不忍心，要他休息一下，對方立刻躺在地上睡著了。

還有一位負責維修的主管，經常三更半夜被張常董吵醒，有一次對方受不了把電話用棉被蓋住，他只好親自去維修主管的家，挖他起來。

張常董首次開除員工，是因為這名員工自認為「有送錢才進到公司的」，無故曠職十八天也無妨，張常董對他曉以大義、幾番勸戒，這名員工在被開除多年之後，親自登門道歉並致謝。

而因工安意外而死傷的同仁，則成為常董心中永遠的痛，也對同仁的遺孤，視如己出。

再有能力、再傑出的人，光靠自己，也成不了大事。每一個人成功，都是成功在「人」這個字，這個字也貫穿了張常董的一生。

水泥業勞工非常辛苦，因此張常董很早就注意到，必須跟產量結合，設計出公平的獎金制度。後來台灣進入工運時代，亞泥新竹廠也有工會運動，愈鬧愈大。

張常董當時是總廠長，直接到新竹廠面見工會幹部，並開誠佈公地說：「我今天沒有什麼好處給你們，因為以前都已經給了，論待遇，在水泥業大家已經是最高的了，還鬧什麼事情呢？」

工會代表們聽了，想起張常董過去為員工爭取的權益，默然無語，事件也就平息下去了。

古人云，「立德、立功、立言」，張常董的德與功，大家看在眼裡，而這本書，可以看作他的「立言」吧。他曾謙虛地說，「老闆都沒出傳記，夥計出什麼回憶錄？」但近年來水泥業承受不少誤解，張常董也就願用自己一生的經歷，讓國人回顧台灣的水泥產業，是如何從無到有，進而從台灣走向世界；以及水泥產業如何在人類的文明與環境的保護之間，取得平衡。

筆者有幸擔任亞泥董事，曾經以貴賓的身分出席亞泥中國江西亞東水泥廠的竣工典禮，親眼目睹常董在大陸的建廠成果，也因為在紅十字會服務的關係，曾在汶川地震的賑災現場，經歷亞泥是如何支援重建工作。

「有些人生來偉大，有些人則成就偉大」，張常董出身戰亂，孤身來台，一步一步定義了台灣的水泥產業，能從他身上學到的，實在太多。良知、熱情，還有專業上的本事。看到常董九十餘歲都還是天天上班，繼續貢獻所長，再反觀自己，我們真的都還年輕，還有很長的路，可以貢獻自己。

推薦序

亞泥的孫運璿

——虛心、誠懇、前瞻，關懷地球的工程人生典範

台灣高鐵股份有限公司前董事長
歐晉德

水泥工業是國家基礎工業之一，水泥是建設的基本材料，在發展國家經濟，追求人民生活品質提升的過程，均必須仰仗水泥工業，因為無論住宅、公路、橋樑、碼頭等土木建設及國防軍事工程，水泥均為不可或缺的材料，全世界沒有一個國家例外，也因此在評估國家經濟建設的進展，經常用國民的平均水泥使用量作為參考指標，換言之，水泥工業與國家發展息息相關。

然而水泥產業從選擇礦址，到採礦，運送礦石至工廠煅燒，以至成品的運輸與配售，無一不涉及品質控制，其資源與能源使用效率，均甚為龐大

且複雜，再加上對環境的影響，水泥工廠常被視為鄰避設施（Never In My Backyard, NIMBY），易被批判，讓業者處於兩難的困境，這個產業的艱辛不易為社會所了解。

亞洲水泥公司張才雄資政，從基層工程師做起，自採礦、生產、運銷以至管理，一生中近六十年歲月，引領亞洲水泥各階段的改革與成長，他的奮鬥經驗，不只是凸顯出水泥工業的艱辛，也看到對台灣經濟發展的貢獻。

本書第一及第二章敘述張資政的出生及青少年時期，面對日本侵華以及國共內戰，在戰亂中的成長歲月，在困頓中完成學業，成為一名機械工程師。

第三章開始回憶他離家隻身來台，開始在港務局的工作生涯，學習了碼頭、倉儲和一些運輸知識，成為他在亞洲水泥就業的契機，也看到張資政，實事求是、認真踏實的個性，各種技術均要求自己確實了解。

第四章及第五章談及他受創辦人的賞識，進入亞泥後，從基層逐步受重用，至掌管亞泥的新竹廠，眼見水泥生產時產生煙灰彌漫，他意識到，應該打破傳統，建造不冒灰的水泥廠，他採用台灣史上第一個材料大倉，解決了水泥廠漫天灰塵的問題，更同時提升了水泥的品質，在花蓮廠礦區採用直井運輸，並配合大口徑爬升機，大大提升了採礦的安全性，均是突破性的作為。

此外，他充分了解水泥的煅燒過程，高度耗費能源，早在一九八〇年代初期，他就探討廢熱回收和水泥生產的關連性，至一九八六年他在花蓮廠完成台灣水泥業第一套廢熱回收發電系統，提升了運作效率，回收了百分之三十的用電量，而且他建立了完全自行設計開發的自動控制系統，也因此亞泥可以在長程的維護上具有獨立自主的技術，這些都是創舉。

第六章敘述張資政在亞泥的工作歲月中，與基層同仁相處的管理哲學，他非常重視同仁的意見，雖然在工作中他有許多創新的見解，但並非獨斷專行，他聆聽、溝通、力求達成共識；同時注意工作的安全性，他也非常關懷員工的家庭生活，對表現好的同仁，主動給予獎勵，贏得同仁的尊敬。

第七章至第九章，詳細述說他對產品運輸效率的看法，他認為台灣是海島，基本上具水上運輸的有利條件，所以他開始建造碼頭及造船以運輸水泥成品，這些措施後來成為遠東集團海運船隊的濫觴。

他也理解採礦對環境的衝擊，決定在亞泥礦場周邊進行生態保護，如何在光禿禿的石頭上種樹，是一大挑戰。時任花蓮廠廠長的他，決定組成綠化小組，研究各種植生方法，選擇樹種，終於逐步研發出「植生土包工法」，讓礦區從裸壁變回青山，引起全球採礦界矚目，成為典範，確實做到「我們不是土地的終結者，而是環境保育的先行者！」

同時他更引導鼓勵同仁打造蝴蝶牧場，二〇〇四年，將亞泥花蓮廠前面的一．八公頃土地，改造成優雅的蝴蝶生態主題公園，再將鄰接土地，培育礦區原生樹種，種植超過四百餘種植物，並開放給民眾參觀，成為環境保育的教育基地，深獲國際生態教育界的肯定，這不能不歸功於張資政愛護自然環境的胸懷。

至二十世紀末，張資政已年逾七十，一般人認為他已功成名就，生活無慮，應可安享退休生活，但他卻在徐董事長旭東的感召下，接下重任展開亞泥另一片在中國大陸的天空，推動了一系列亞泥在中國大陸的水泥生產事業與版圖，本書的第十章至第十三章闡述了亞泥在東南亞和中國大陸大江南北，創業的艱辛與困難，在整個建廠的過程，他始終堅持採用品質第一的最高指導原則，同時強調系統的長期維護及高度防震標準，均成為大陸水泥界標竿，也直接提升了中國大陸的水泥工業水準，他對事的執著，對建廠的熱情，均感動了所有與他一起工作的同仁。

張資政對水泥工業貢獻畢生精力，不僅提升水泥生產品質，減少汙染，節省能源，注意環境保育，他在一九九〇年代就努力希望運用水泥生產過程及設備來處理台灣一向視為畏途的工業廢棄物處理，這在二十年後的今天，是全世界均努力推動的「循環經濟」理念，可惜，當年台灣社會尚無法接受先進的理念與方法，以致未能實現。

如今張資政已逾九十高齡，仍是徐董事長倚重的諮詢對象，他的這本回憶錄深值社會大眾參閱。的確，誠如本書結語中所謂張資政有如「亞泥的孫運璿」，一生無怨無悔為亞泥付出心力，對國家這幾十年來的經濟發展及建設也有卓越的貢獻，他也感念創辦人徐有庠先生和董事長徐旭東先生知遇之恩，他們相互信任，對張資政充分授權，讓他得以一展長才，確實「伯樂」與「千里馬」，相輔相成，相得益彰，令人感佩，忝以為序。

推薦序

企業創新務實的典範

元智大學首任校長
王國明

和張才雄先生（以下簡稱張常董）結緣，是我從清華大學轉任元智大學校長期間，當時張常董是亞洲水泥公司的總經理，他在元智建校籌備時期大力協助；一九八九年元智大學正式創校，我擔任首任校長，張常董擔任董事，他出錢出力，在人才培育上給予元智大學很大的幫助。

我印象最深刻的是張常董的「務實精神」，或許這跟他工業人出身背景有關。他認為大學以上的教育，不光是讓孩子們學習理論，而是還要能應用到實務上，他提供不少產學合作機會，讓元智的學生於畢業前半年到一年，到亞泥實習；他甚至自己花時間，跟元智化工系教授、亞泥研發主管，一同針對水泥生產技術，多番討論，擬定研究重點，力求學術與實作並重。

張常董生於北洋軍閥割據時代，歷經對日抗戰、國共內戰，隻身隨政府播遷來台，當時台灣百廢待舉，張常董在艱苦環境下，貢獻所學，從港務工作、公路工程、以及水泥產業中，淬煉出智慧，鍛鍊出毅力和勇氣。張常董在亞泥超過半個世紀的歲月，始終秉持鍥而不捨的精神，努力鑽研技術、創新工法，帶領團隊將亞泥花蓮廠，打造成水泥產業的典範。不但製程創新、效率提升，更難得的是，將水泥在生產過程中容易產生的汙染降到最低，讓亞泥的水泥廠完全不冒灰；還採用全球獨創的植生綠化技術，讓開採後的礦場，也能恢復到原始林樣貌。張常董積極扭轉外界對傳統水泥產業的誤解，帶領亞泥成為業界環保先驅，他的遠見與強烈的改革企圖心，堪稱無人能出其右。

更令我敬佩的是，張常董在年逾古稀之齡，家人原本期待他能退休、好好享受含飴弄孫之樂，卻仍一肩扛起創辦人及徐董事長所交付的重任，率領亞泥工程及行政團隊到大陸開疆闢土，把亞泥花蓮廠的成功經驗，複製到中國大陸，成立亞泥（中國），陸續在江西、四川、湖北以及黃岡完成十二套窯，另外併購三套窯，更推動循環經濟，成功打開大陸市場，在業界可謂獨領風騷。兩岸水泥產業的成功發展，張常董絕對具有卓越貢獻。

張常董的「仁心」與「細心」一直是我學習的榜樣。他帶人帶心，除了尊重同仁專業，更積極為同仁爭取福利，在我記憶所及，他從未對同仁說過一句重話；如果工作上出現問題，他一定深入了解事件核心，和團隊共同找出癥結所在及解決方法，絕不允許敷衍了事，這點和創辦人常掛在嘴邊的一句話很相近：「做什麼事情，一定要做到底，做到好！」張常董就是這樣意志堅定的人，在他的字典裡，沒有「放棄」兩個字。

這部《與泥結緣一甲子——水泥工藝領航者 亞泥張才雄回憶錄》，其實不單只是從張常董的人生故事，見證亞泥在兩岸的發展史、和亞泥在落實水泥工藝的努力，更可一窺當年台灣各行各業、各個角落，眾人胼手胝足的黃金歲月。

讀到最後，有一小段內容，雖然短短幾行，卻令我印象深刻，那是張常董對夫人的感謝：「她能全職帶小孩，這是了不起的地方。她一個人很辛苦，工作配合我，家照顧好，我衷心感激。兩人合作才能成功，讓我無後顧之憂。」這段話道盡台灣那段經濟起飛年代，傳統家庭中的夫妻倆如何扛起重擔，撐起一個家，當張常董在外拼搏成就理想，張夫人一人張羅柴米油鹽醬醋茶，還拉拔四個孩子長大，各個成就非凡！「成功男人背後，一定有位堅毅的女人」，這不但是張常董和張夫人的故事，也是多數台灣家庭的縮影。

我在四十幾歲，還算是年輕小夥子的時候，與當時六十幾歲的張常董相識，對我來說，他一直是一位令我欽佩的長者，他的溫暖、堅毅，數十年如一日，不論何時，向他請益，他總是知無不言、言無不盡，毫無保留地將一身寶貴經驗，傾囊相授，而且幾乎每場董事會、關係企業聯席會，張常董都會出席，提供建議，就算在九十歲高齡之後，必須拄著拐杖，步伐稍微緩慢，也一定到場，看在現在已是滿頭白髮的我眼裡，張常董的幹勁，令我自嘆弗如。張常董投身亞泥超過半世紀，要說是水泥產業傳奇人物，一點也不為過！

自序

與泥結緣一甲子

回顧我的一生，十三歲是個分水嶺，十三歲之前生活在大家庭裡，排行第十，兄嫂們暱稱我為么么，家庭生活稱得上富足。十三歲之後日本侵略中國，從此風雲變色，過著苦澀的抗戰生活，父親在困苦中染病去世，我則在逃警報、躲轟炸的顛沛流離中度過慘綠少年期，共約七年。學校畢業後立刻開始工作，繼承父親採礦工程師的行業，生活有了著落，抗戰也在那時獲得勝利。

從那一刻起，我的工作從未停歇直到今天。在這近八十年間，我來到台灣、也有了家庭，但我人生和生活的主題其實就是工作，而最重要的工作正是從一九六三年九月我考進亞泥開始，到今天這段快要一甲子的亞泥人生。我能夠對工作產生如此長久且巨大的熱情，應是命中注定遇上對我有知遇之恩的創辦人徐有庠先生。當時創辦人盱衡台灣整體經濟發展，在高瞻遠矚、胸懷遠大的智慧中，創造紡織、水泥、航運等多樣化的遠東集團，我有幸能得到他完全的信任和支持，不但給了我和同事們優渥的待遇，更常親自和我們一起深入討論每一項重大決策，我和同仁們在他的領導下，共同完成多項他所囑交的任務。即使至今，創辦人對我的一些智慧指引，在我日漸衰退的記憶中仍清晰可辨。

除了創辦人的知遇，徐旭東董事長對我的支持亦令我永難忘懷。一九九〇年後中國大陸的經濟開始崛起，在他的遠見與策略指導下，我在中國大陸開辦亞東水泥，當時過程艱辛，我雖年逾七十，依然保持拼命的幹勁，二十五年後亞東水泥已成為年產三千萬噸、設備與環保均奪得頭籌之大廠。徐董事長經常和我談話，共同憶往，並關心我的身體。每次入住醫院接受大型手術時，徐董事長必在我術前最虛弱的時刻到訪打氣，陪我進開刀房，就連清晨亦不例外，並且和醫生們討論醫療的過程，常囑咐朱樹勳院長為我做最好的安排。創辦人及董事長二位對我這份特殊的東主情誼深植我心，感恩無盡，也因此激發出我對工作的執著和永遠的熱情。

當我遵從創辦人指示，到中國大陸拓廠初期，我從台灣調動不少中高階幹部一同前去開疆闢土。這些伴隨我在大陸各地奔走逾二十年，戮力建廠、營運事務，在各領域擔負一、二把手重責大任的老幹部，計有彭學仁、張振崑、羅勝宏、林昇章、方履興、俞劍屏、田隆、高銘佑等人及他們的團隊；視任務需要，長期機動支援的有張英豐、張志鵬及何恆張；而在這建廠工程快速推進、需才孔亟時期，亦承蒙鎮守台灣根據地的李坤炎總經理全力支持，源源不斷支援人力，至後期亞泥中國實施人才在地化政策為止，充分展現亞泥公司「兩岸一心」的團隊精神，讓我在前線打拚，沒有後顧之憂。

我一生不斷進行建窯建廠的工作，不但需由工程人員夙夜匪懈來支持，財務方面也必須時刻配合，邵瑞蕙副總及她的團隊負責資金調度，她總是能夠為每一期的工程找到所需的資金，我們才有可能從建廠期開始就創造年年盈餘的好成績。對於這些老同事無怨無悔鼎力協助之情，才雄銘感在心，在此併致謝忱。

同樣地，當我們到大陸各地開疆闢土四處拓廠期間，遇到的法律問題不知凡幾，幸蒙關係企業遠東新世紀行政總部總經理鄭澄宇及其麾下兩岸法務人才鼎力協助，終能一一解決。而董事長室的三位資深祕書董藹莉、余欲弟及陳彩雲，只要才雄需要面報董事長或請教求援，無論何時何地，她們總會想盡辦法安排，或讓董事長的行程能夠配合大陸事務的需求，親赴中國大陸解決困難，才雄同樣銘感在心，也在此表達謝忱。

我在年近百歲出版這份回憶錄，是承蒙徐旭東董事長的厚意，當然，能夠將我日漸荒蕪的回憶早早編入檔案是目的之一，但更重要的是，希望以我的故事為引線，向年輕的一輩述說一個群策群力的傳奇，有東主和我之間的師徒及知遇情誼，有我和同事之間的合作夥伴關係，有台灣工業發展史上精采的一頁，有屬於我們那一代的汗水和淚水。

這份回憶錄的撰寫和編輯過程十分漫長，主要原因是我已年邁，記憶衰退。能夠順利完成，還要特別感謝負責訪談記錄的趙愛卿顧問，以及反覆確認人、事、時、地、物及相關工程數據與文稿校對的余欲弟祕書、周維崑、李子明、蔡祐吉、顏嘉璐、楊蕙慈等諸位亞泥同事盡心盡力的協助。

縱使鬢已星白，回憶仍鮮活地占據我心。感謝所有和我共事的夥伴們，我經常憶起和你們一起點火開工的歡愉，也敬那些為了趕工或修窯而不眠的夜晚，我將永遠珍惜和亞泥及許多關係企業、合作對象的一生之緣。家是遊子最溫暖的港灣，親情是我全心投入工作最堅強的後盾，當然也要感謝牽手七十載的愛妻，孕育出四個乖巧懂事的子女，全家和樂融融，謝謝你們豐富圓滿了我的人生，讓我能夠享受到妻賢子孝、兒孫滿堂的幸福與快樂。與「泥」結緣的一甲子獻給你們。

第一篇

動盪時代・結緣契機

楔子

這是一個在動盪不安的時代裡，有骨氣工業人創造時代的故事！

中國從早期的軍閥割據、對日抗戰直到國共內戰，內憂外患不斷，即使在亂世中飄零浮盪，仍有一群懷抱理想的人物，歷經流離、不畏險阻，飄洋過海來到完全陌生的島嶼，憑藉在艱苦時代淬煉出的智慧與堅毅，陸續在各個產業發光發熱，為台灣的經濟奇蹟奠下成功的基石！

遠東集團創辦人徐有庠先生，是其中最具代表性的企業家之一。戰火中，他毅然將上海的紡織廠，遷徙到台灣成立了遠東紡織；接著又因應當時基礎建設需求，創辦了亞洲水泥，不但是推動「十大建設」的幕後功臣之一，也由於長期績效卓著，一步步將集團多角化的經營推展到運輸、百貨、化纖、金融、學校、醫院及公益基金會等，對台灣長期以來的民生需求、工業發展及社會服務有著莫大的貢獻。

如今，遠東集團已經發展成為擁有九家上市公司，超過二百家關係企業、事業版圖拓展最多元化的集團，而亞洲水泥不但是集團第一家股票上市的公司，轉投資的企業更達近百家。亞洲水泥的成功，除了有創業者徐有庠的宏觀卓見外，他對專業人才的知人善任，亦是重要的關鍵。最為人稱道的，就是他全力支持張才雄對產業的改革與創新，將台灣水泥業從技術落後、「烏煙瘴氣」的「工業」，蛻變成為「不落灰」的「科技工藝」，使亞泥成為國際水泥業者觀摩效法的標竿。

而張才雄也不負所望，將水泥視為一生的志業，不但投身「泥」中逾半世紀，也翻轉了這個行業的未來。他出生於軍閥割據時代的礦「工」（工程師）家庭，歷經對日抗戰、國共內戰，在砲火中一路流亡顛沛到台灣，後來進入亞泥，才遇見了改變他一生的伯樂——徐有庠先生。當才華洋溢的工程師遇上氣度非凡的企業家，許多創新的火花就因此迸發。

一九六三年，張才雄考進亞泥新竹廠，那時水泥在台灣尚屬剛萌芽的新興基礎工業，一切仍在摸索學習的階段，他從最基層的水泥工程師做起，那看似瘦弱單薄的外表底下，卻有著異於常人的堅韌毅力。最怕戴口罩的他，「灰」頭土臉忍了近十年，終日疲於奔命解決問題，卻在台灣找不到答案……直到有一次，碎石機壞了，創辦人焦急萬分，忍不住用手敲打石頭，深深刺激了張才雄，那埋藏在心底已久、革新水泥業的願望與企圖，從此更加迫切。

直到他升任副廠長後，為了新窯的安裝工程，遂向創辦人申請出國考察，帶領工程團隊周遊列國取經，前後耗時八十多天，幾乎環繞地球一周，最後找到了對症下藥的處方，終於解決了台灣水泥窯沉積已久的痼疾。

一九七三年，亞泥響應政府經濟發展計畫，開發東部資源，拓展水泥外銷，到花蓮設廠，由於位處太魯閣公園口，一向重視企業社會責任的創辦人，特別交代一定要配合觀光勝地來建廠，避免對環境造成衝擊，當時領導建廠的張才雄，從此戮力實踐創辦人的理念，展開一連串顛覆傳統的產業創新，擘畫可以達到「高環保、高效能、高品質、低成本」的「不落灰」水泥廠，同時，也希望完成「廠區公園化」的願景。

張才雄期待花蓮廠能為台灣水泥產業開創新局，他開始引進全球頂尖的設備與技術，更帶領團隊發揮工業人「解決問題，研究創新」的精神，歷經無數挫折，締造了多項開啟風氣之先的創舉，近來全球倡導的企業生產「節能減碳」與「綠色環保」議題，他早在幾十年前就有這樣的想法了。

一九七五年，亞泥建造了台灣水泥業界第一個「大倉」拌料系統，藉由穩定生料進窯的品質，澈底解決了煅燒過程中「冒大灰」與「結窯皮」的兩大困擾，加上許多產業革新做法，終於使得花蓮廠在正式運轉時，高聳的煙囪不再冒灰。當時，正為半屏山水泥廠漫天灰塵所苦的前高雄市長王玉雲，帶團前來參觀時感慨萬千地說：「花蓮能，為什麼高雄不能？」前環保署長簡又新也曾在參觀花蓮廠時，隨手拉起一片樹葉檢視，竟然沒有看到半點灰塵！這對台灣水泥產業來說，是一個劃時代的革新！

之後花蓮廠擴建第二套窯時，率先採取「直井捷運」採礦法，避免對環境景觀造成衝擊；並運用「廢熱回收發電系統」，省下三分之一用電量；後又創新研發台灣第一套，也是兩岸水泥業唯一自行設計的自動化系統「AsiaTech」；另外，對水泥窯最大的革新是在擴建三號窯時率先採用短窯，大大提高產量與品質，不僅是當時全球第一套日產五千噸熟料的短窯，也是台灣唯一的短窯。此後亞泥引進至中國大陸的旋窯都是短窯，卻鮮有同業跟進，因為，那需要更好的燒成技術，才能產出像「洋房牌水泥」般品質優良的水泥。

當時，水泥生產線在東部，市場卻在西部，中央山脈橫阻了兩地交通，為了解決花蓮廠「東泥西運」的問題，張才雄提出了在當年戒嚴時期幾乎不可能完成的「環島海運」計畫，成功開闢台灣水泥史上第一條「藍色公路」，同時建造了台灣第一艘水泥專用的散裝船——「亞泥一號」，全程採用全密閉式的自動裝卸設備，完全看不到灰塵。亞泥希望從生產一直到運輸，都能成為業界「不落灰」的環保先驅！

張才雄是位非常懂得「用才、愛才、惜才」的領導人。他常說：「水泥業涵蓋了機械、電機、土木、化工及採礦等五種專業，必須要在各領域訓練出最傑出的人才，唯有彼此誠心誠意合作，才能發揮最大的團隊力量。」為了凝聚同仁的向心力，他會花很多時間去溝通，從不疾言厲色強制執行，當面臨重要決策或各單位有不同意見時，他就會召集「圓桌會議」，眾人一起討論，當下做出決定、解決問題。他希望大家要不斷相互學習：「除了自己的專業要內行；專業之外，也不外行，才能領導團隊。」也就是這種對人才培養的「用心」，讓亞泥人稱他為「桶箍」，意喻他是把大家一片片綁起來完成任務的關鍵人物。

為了做好礦山開採後的植生綠化，張才雄抱持「今日不做，明日會後悔」的決心，成立「綠化小組」，長期聘僱專家，教導採礦人蛻變為綠手指，經多年挫敗，終於創新研發出「客土槽植生工法」，員工不畏工程艱難，以「生態保育」為己任，將礦山原生樹種從幼苗開始培育，等兩、三年長高茁壯後才一棵棵種回去，多達十多萬棵的林木，就這樣一株一株費心移植，終於將青山綠地還給大自然，讓野生動物重返棲息。這一連串的努力，讓亞泥新城山礦場屢獲國內外示範礦場殊榮，二〇一一年澳洲政府出版《礦業永續發展》一書，更將新城山礦場列為全球永續典範礦場。

不僅於此，花蓮廠更用心將周遭環境打造成「鳳凰林」、「蝴蝶園」與「休閒林園」，成為台灣唯一結合水泥產業的生態園區。所有的生態維護、飼養蝴蝶與導覽工作，都是員工自發性學習、執行，從來不假手他人，有些甚至自學有成，到大學攻讀生態保育有關學位，並且陸續通過環保署的環境教育人員認證。

直至兩岸開放交流後，來自中國大陸的水泥業者，對美不勝收的花蓮廠，除了驚嘆，還有省思：「這就是我們所需要的『水泥工藝』，希望能將這個成功經驗移植回去。」

篳路藍縷、深耕台灣有成，遠東集團創辦人徐有庠仍有一個遊子心願，他常對張才雄說：「我們都是從大陸來的，要把好的東西帶回去……」而繼任董事長徐旭東也在一九九三年提出：「水泥業應該走出台灣，向外發展……」當時身為亞泥總經理的張才雄，雖然已屆七十的古稀之齡，仍毅然決定接受徐董事長的指示，率領一群年過半百的資深工程團隊，前往大陸開疆闢土，策畫建廠。

張才雄從未想到：亞泥花蓮廠的成功，不是他事業的終點，而是另一個挑戰的開始。他對創辦人的知遇之恩，有一種「士為知己者用」的終生感激；而徐董事長對他的信任與支持，更讓亞泥在中國大陸，創造了睥睨同業的傳奇事蹟。

張才雄常說：「做老闆的投資許多事業，有成功也有失敗，但只要整體來說大部分是成功的，那他就是成功的企業家；但身為夥計，沒有失敗的權利，必須自我要求，對老闆負責，只許成功，不許失敗。」就是這種強烈責任心的人格特質，讓思慮縝密的他，凡事都考慮得比別人更長遠，唯恐有任何疏失。當時大陸甫開放，很多台商西進摸索中，投資變數難以掌握……，這讓張才雄心裡惶惑不安，不斷深思尋索布局大陸的策略。

那時，中國大陸還有許多技術落後、容易汙染環境的立窯，張才雄為了「要蓋先進而有效率的廠，生產最好的水泥」，決定自己成立「設計團隊」

籌畫建廠。但籌建水泥廠遠比一般行業複雜百倍，還牽涉到礦源、土地、市場與運輸等許多利害關係，遇到層出不窮的困難時，張才雄總是以「輕言放棄，就不是亞泥人！」來鼓勵團隊堅持到底。

張才雄的深謀遠慮在工業人裡是少見的，當時中國大陸水泥業大多在沿海設廠，但他卻選擇在內陸江西省設廠，他將台灣「環島海運」的成功經驗移植大陸，利用長江發達之水運功能，往上游可供應武漢市場，往下游可供應上海及沿海市場。同時並與中國長江航運集團合資成立「長亞航運公司」，建造了中國大陸第一艘全密閉自航自卸式散裝水泥專用船——「長亞一號」，當其他業者還在用一條拖輪掛著一、二十艘駁船，來回十八天緩慢航行到上海時，長亞一號只要六天，這開啟了長江成為水泥藍色公路的新頁！

二〇〇〇年，亞泥前進中國大陸的計畫結出了第一個果實：江西廠開窯，全力支持大陸建廠的徐董事長親自點火，那一刻，亞泥便燃起了中國大陸水泥業的熾烈風雲！江西廠有最現代化與最高效率的設備及綠意盎然的環保廠區，近千公尺的迎賓大道，兩旁種滿高大柏樹，氣勢非凡！當時的江西省長舒聖佑當場由衷盛讚：「亞泥是水泥業的典範！」而徐董事長對於江西廠投產後水泥銷售暢旺供不應求，亦感到非常滿意，並特別讚賞張才雄的遠見。

不管在何處，張才雄帶領的團隊始終領先創新，讓同業望塵莫及。

二〇〇一年，配合江西亞東水泥製造廠而設立的武漢亞東研磨廠，大量運用武漢鋼鐵廠的廢棄物「礦渣」，作為水泥生產的副原料。原本，那些現代文明廢料都因為焚化爐無法處理而隨意棄置，衍生極大的環保問題，但張才雄洞燭機先，在鋼鐵廠附近設立研磨廠，大量利用礦渣，生產礦渣水泥，變廢為寶。由於品質好成本低，引起同業紛紛效法，帶動了大陸水泥業的「循環經濟」風潮。

二〇〇四年四川建廠的過程中，在礦權的爭取，運輸的困難及由鐵路改為輸送皮帶的過程，則是一頁筆墨難以形容的艱辛歷史！為了將礦山的原料運到工廠，必須建造一條長距離的輸送皮帶，此項工程在沒有交通工具的叢山峻嶺間，只能運用「騾子部隊」揹著各種器材奔波運送，再靠著工作人員徒手拉繩攀越險隘山峰組裝機具、挖洞鑽入地下二十公尺深的岩盤上打基座，在窮山惡境中硬是建造出逾十三公里長的輸送皮帶，工程之艱難與浩大，堪稱空前。

二〇〇八年，一陣天搖地動，震垮了四川的水泥產業，當所有工廠都因汶川大地震受損停產時，唯有四川亞東廠損失輕微，產能完全不受影響，並於恢復供電後立即開始生產，不但即時供應災後重建所需水泥，也讓「洋房牌」水泥品質的口碑傳揚開來，連帶亞泥（中國）股票在香港上市的首日就暴漲近七成，轟動一時。雖然當時只剩亞泥可生產供應水泥，但在徐董事長的指示下，亞泥並沒有因此調高售價，仍維持震災前價格，拒發地震財，此外還捐輸大筆賑災款項，派遣醫療團隊及為當地重建小學，這都是徐董事長以企業家的胸襟，領導團隊，回饋地方的關懷之舉。

張才雄令人佩服的，不只是他在水泥業的「雄才」大略，堅毅果決的個性，也映照著他顛仆迭起的生命歷程。二〇〇〇年，大腸癌病魔驟然突襲，他毫不猶豫地進行切除手術，一個月後就回到中國大陸繼續籌建新廠；二〇〇九年時又不慎摔斷腿，他選擇最快速的治療方式，打上了鋼板鋼釘，即使如此，也無法擊潰他鋼鐵般的意志，他沒有停下腳步，仍然於二〇一〇年忍著病痛領軍，在江西、湖北、四川及黃岡完成了四套窯，這不凡的成就，蔚為兩岸水泥業嘖嘖稱奇的佳話。

從平地到高山、從陸運到水運，張才雄竭盡所有心力，將兩岸的「水泥工業」提臻至科技先進、恢宏壯闊的「水泥工藝」！直至二〇一四年，高齡九十的他，在中國大陸一共蓋了十二套窯，每一套都是以亞泥花蓮廠為範本，構築出一座座現代化的「不落灰」水泥廠；另外還併購了三套窯。如此傲人的成果，即便是滿懷壯志的青年，都是難以達成的不可能任務。據說有大陸水泥同業曾這樣形容：「亞泥是我們最在意，也是最強的競爭對手。」

「這是團隊合作的成果。一個企業要成功，最重要的是老闆與夥計要互信。」張才雄常說：「作為工業人，最難得就是為成就做事！我只是一個平凡人，卻獲得老闆的信任，讓技術專長能夠發揮，理想得以實現，感覺我這一生值得了！」他衷心感激兩位老闆給了他精彩的人生，也期盼延續這種企業精神，儘量提供夥伴發揮的舞台，除了專業技術，更期待他們學習管理的能力，成為贏得人心的領導人：「把你我他變成我們，把每一個個體變成一個整體，號召有力的團隊，為企業創造更多不平凡的成就。」

半世紀了，集團兩代領導人對張才雄「用心」相待的情誼，早已超越了主雇關係。張才雄曾以健康欠佳為由寫過多封辭職信，但徐董事長都不收；他也曾在二〇〇六年集團聯席會上說：「我已經八十三歲了，早該退休……」結果董事長卻幽默回應：「在我心目中，你永遠三十八歲……」；他腸胃不好，董事長每次與他共餐，總是會交代廚房要煮一碗特別軟的麵；那次大腸癌開刀，日理萬機的徐董事長清晨六點就趕到醫院，親自推著他的病床進開刀房，還和家屬一起在手術室外等待……徐董事長的情深義重，讓他始終覺得無以回報。

即使卸下戰袍回到台北擔任資政，張才雄仍然每天上下班，還不定期巡視中國大陸廠區，更被讚譽是水泥產業發展的「活字典」！二〇〇四年時，徐董事長有感於他對兩岸水泥業的貢獻，有意請人為他撰寫回憶錄，藉此把亞洲水泥的拓展歷史，有條理地保留下來，卻被他婉謝了，問他原因，「哪有董事長都還沒有出傳記，夥計卻先寫回憶錄的道理？」他輕描淡寫地回答。

但近年來，水泥業面臨各種挑戰，讓這位年近百歲的業界領航者憂心不已：「我還能為公司做什麼？」在眾多同仁的鼓勵下，他開始著手整理過往珍藏了半世紀、梳理在記憶深處的點點滴滴，透過口述，記錄成冊。而這些雋刻在歲月裡的字字句句，除了道盡對「東家」的感恩、對在工作上幫助過他的貴人與共同奮鬥過的夥伴衷心感謝外，也希冀外界能深刻了解：「數十年來，始終有一群水泥工業人，無怨無悔致力產業革新，邁向綠色永續的企業願景，他們的努力是讓人感佩的，他們的付出也應該獲得肯定。」

第一章 誕生

一九二四年，北洋軍閥割據，連綿征戰動盪的時局，老百姓朝不保夕，有一餐沒一餐，生活慘澹艱苦。一個尋常的日子裡，在江南煤都——江西萍鄉的一個礦場邊，倏地響起了一陣洪亮的哭聲，一個娃兒誕生了。誰也沒想到，這個礦場邊出生的娃兒，竟會成為對兩岸水泥業產生重大影響的關鍵人物。

■礦「工」之家

張才雄出生的時候，父親四十歲，母親三十六歲，上有六個哥哥和三個姊姊，當時父親承襲德國工程師在礦業留下的技術，是一位機械工程師，而大哥則是煤礦採礦工程師，後來學機械的二哥與九哥也都進入了這個行業。在那個專業人才缺乏的時代，煤礦工程師算是一個地位及待遇都相當不錯的職業，加上母親善於理財，因此，雖然家裡有十個兄弟姊妹，食指浩繁，生活倒也無虞，張才雄是老么，自然享盡了父母兄姊的疼愛。

隨著父親的工作轉換，他們一家人回到了故鄉，湖北省漢陽縣的蔡甸鎮。雖然生長在大家庭，但在張才雄的印象中，一家人聚少離多，要湊在一起吃個飯都很難。平日男人出外工作，母親跟三個嫂嫂就留在家裡照顧孩子，因為工作的關係，父親不常回家，即使回家也忙著應酬。父親並不嚴肅，也不太管教孩子，也許是因為很少見面，張才雄心裡對父親的感覺總帶了點敬畏。大哥也是長年在外地工作，很少回家，但是長兄如父，他會代替父親督促弟妹們的功課。張才雄很怕大哥，只要看他一回來，就趕快把書本拿出來讀，若是答不出大哥的問題，是會挨打挨罵的，常常大嫂會在旁邊勸大哥：「好了好了，別太兇了！」

一九二六年，張才雄一歲半，軍閥派系爭鬥加劇，遊行、示威不斷，今天高喊口號打倒某某人，明天又打倒誰誰誰，局勢混亂不堪，迫使武昌關城，還餓死了很多人，生活的面貌，似乎只剩下了饑饉、驚恐與茫然。五、六歲的時候，張才雄還沒上小學，只要一聽見外頭機關槍槍聲大作，大人就急忙將吃飯的方桌拼起來，上面用棉被蓋著，全家人相互依偎躲藏在桌子底下，就怕流彈不長眼。軍閥作亂了很長一段時間，張家也被迫數度流徙，因此張才雄換過好幾所小學。「我小學的時候書讀得不好，但是老師們都很喜歡我。記得有一次軍閥部隊遊行，當時的小學校長還把我揹在肩上看。」

雖然軍閥到處作亂，但嚴格來說張家環境還算不錯。那個時候，有錢人統稱為「紳糧」，也就是地主，他們所擁有的田地，都是交給佃農去墾種。「我們當時住在街上，房子第一進是兩間商店，第二進有天井，兩邊是廂房，第三進是主臥房及客廳、神位，第四進一邊是廚房，一邊是堆穀場。佃農們住在鄉下，稻田旁邊就是他們的房子，每年家裡去鄉下收租時就會帶我們小孩子去玩，鄉下有很多好玩的地方，比如說到河邊玩水、釣魚，附近有樹林，可以爬樹，另外還可以和農民一起學種田。」八十多年前的童年往事，還盤繞在他的腦海裡。

回到湖北後，此時父親的工作地點在黃石市石灰窯鎮的富源煤礦公司，張才雄小學畢業後，剛好有個教會在石灰窯鎮辦了一所中學叫振德中學，於是父親安排八哥與他到此學校就讀，一方面也可以就近照顧他們。他回憶起這個學校用的燈很有趣，是利用沼氣（甲烷）當燃料來燃燒點燈，不過這沼氣的來源就是同學們的排泄物，在當時物資缺乏的時代還真是物盡其用啊！

一九三七年七月七日，無情的槍響畫破了蘆溝橋的夜空，也頓時改變了成千上萬中國家庭的命運，抗日戰爭全面爆發。這一年，他才十三歲，一切的理所當然，全因戰火再起而走調。

■撤退大後方

隨著戰事蔓延，一九三八年湖北省政府開始撤退，當時的省主席是曾擔任軍政部長的陳誠，在他的安排下，湖北算是撤退非常成功的一省，基本上能搬的都搬了，能逃的都逃了，就連人力車伕都走了……整個武漢地區像一座空城。

日軍一路攻到湖北的時候，戰線大多集中在東方，那時南京已經淪陷，武漢雖平靜，但也是瀰漫著一股山雨欲來的情勢，兵荒馬亂、人心惶惶，張家決定逃到大後方去。但是這麼一大家子，絕對無法一起行動，最好的方法是化整為零、分批逃離。張才雄的父母先留在湖北，大哥因為在湖南的煤礦找到了工作，於是帶著妻子、兩個女兒、一個兒子和七姊往湖南走，二哥已先到四川祁江煤礦工作，三哥原在廣州中山大學就讀，亦隨學校遷往大後方避難，四哥則已於一九三五年在北京輔仁大學因病去世，九哥考取中央工專，隨學校撤退至重慶，而張才雄和八哥則因為原就讀之振德中學停課，暫時先回蔡甸鎮家鄉等待，後來政府安排到湖北省恩施的聯合中學就讀。

一個大家族倉皇離散，有的親人從此不復相見，當時懵懂未知的張才雄萬萬沒想到，他的命運從此變了調，但離別的那一刻情景，卻深深烙印在記憶裡……。

撤退至恩施聯合中學當天，政府準備了一艘從武漢開往宜昌的船，叫江興號，準備接學生到恩施，校方叮嚀學生們下午兩、三點時到碼頭集合搭船。年僅十四歲的張才雄，揮別了父母，揹著鋪蓋捲提著行李，隨著大夥由岸邊躉船登上江興號，他們被安置在第一層甲板，第二、三層也是中學生，第四層則是搭載由蔣宋美齡創辦的育幼院的學生們。大夥上了船之後，每三、五人為一組，他們就打開其中一個人的鋪蓋鋪在箱子上，同學們湊在一起，就在上頭吃飯、玩牌、下棋。

孩子畢竟是孩子，暫時忘卻了戰爭的可怕，正當他們玩得開心的時候，船突然失火了，火勢猛烈一發不可收拾，當時船還停泊在碼頭邊並未開航，主船與接躉船之間搭起的板子還在，但江水湍急，掉下去存活的機會非常渺茫。混亂中，大家爭先恐後推擠著往躉船跳，張才雄來不及多想，也跟著跳，有些學生還直接把家當鋪蓋往下丟，砸傷了不少人；而有些被安置在第四層的孩子，在驚慌失措中竟直接往下一躍，就這樣埋沉水底，失去了小小的生命！個把鐘頭後，火撲滅了，起火的原因是一輛在船上的救火車汽油未清空，燒了起來。

張才雄餘悸猶存地跟同伴們在躉船上苦等了兩個小時，才回到船上。到了下午四、五點，船方仍決定按計畫開船，船一直駛至荊州的沙市才靠岸。張才雄下船後突然發現，自己的鋪蓋不見了，那裡面有母親密縫在內層的二十個銀元及幾雙布鞋，望望手邊，只剩下一只木箱，裡面裝了衣物，一個十四歲的孩子，流落異鄉，那種孤獨惶恐，無助害怕的感覺，讓他望著滾滾長江，眼淚不禁直流而下……。

這時，有位姓蕭的同學拉了他衣角一下，說：「晚上你可以跟我一起睡嗎？」瘦弱的蕭同學是個腦筋遲鈍，脾氣古怪，又有鼻竇炎，經常散發臭味的孩子，大家都不喜歡他。「但此時的他對我來說卻是個天使，他發自內心的愛，讓我晚上跟他共用鋪蓋睡了好幾個溫暖的夜晚。」後來從沙市上岸後，一路走到了荊州，在第八中學暫時歇腳。逃難時傳遞信件非常困難，一封信往往要大半個月才會收到。張才雄寫信回家，告知父母鋪蓋及銀元遺失的事情，在第八中學待了大約一個多月，他接到父親來信，要他到宜昌市五姊家，因為張才雄的五姊和姊夫已經先到了宜昌，在那裡的船務公司工作，父親要他到那裡與父母親及其他家屬會合。於是張才雄沒有跟著學校撤退到聯合中學，而是單獨脫隊搭船到了宜昌五姊家，等候父母到來。

過了一些時日，父母終於抵達宜昌，還帶著六姊、二嫂、三嫂和二嫂的兩個孩子。宜昌是塊平地，往內是長江三峽，再往西邊是四川萬縣，有了三峽這個天然屏障，日軍想要再挺進內陸就困難了，於是，張家人在宜昌待了一、兩個月後，決定繼續往後撤退，到萬縣去。

賣菸的老十

所幸，逃難時父母帶了一些錢，在萬縣一開始的生活還過得去。但是萬縣四周沒有礦場，父親的採礦專業根本沒有出路，但又不能坐吃山空啊！一生硬挺自信的父親，只得四處重新找工作，卻總是失望而回，暗自沮喪焦慮不已，直到一年後，才在重慶的渝鑫鋼鐵廠找到了工作，父親又再次離家，張才雄則留在萬縣。大約過了一年，父親因為生病，只得把工作辭了，並回到萬縣。

在逃難途中，張才雄遇到一位做生意的堂姑，她是賣香菸的，跟著丈夫一起逃到了萬縣。於是張才雄也跟著開始賣香菸，做起了生意來貼補家用。他在一星書店門前借了一個小小的位子，和堂姑父一同擺了個香菸攤，賣的都是外國菸，包括「小大英」（英國菸）和「大前門」（菸盒上有一個前門）等牌子。

四川萬縣是個出口桐油的都市，在還沒有發明化學油漆前，都是以桐油為主要原料，也是外銷的重要港口，因此被日軍鎖定，展開猛烈轟炸。在戰爭還未爆發以前，萬縣有位長壽將軍楊森，他很富有，也很注重民生及體育，曾在郊區蓋了一座萬縣公園。每當空襲警報一響，手腳利索的張才雄就趕忙揹起香菸攤，拚了命往萬縣公園跑，等警報解除了，再回來繼續擺攤。

除了桐油，萬縣還有很多山寨。寨子是凸起的山，高低起伏，面積很大，可以種稻子，還有水塘跟魚，可以自給自足。每個山寨都有很多寨門，可以從外面進到寨子裡，內部則是十至二十公尺高的峭壁，很難攀爬。傳說中，當年殺人魔王張獻忠曾在萬縣展開大屠殺，很多人為了逃命，就躲到山寨裡。

四川的紳糧跟湖北的不同，這裡的紳糧房子蓋得氣派漂亮，家具都是從大城市買來的，生活用品也很講究。紳糧房子的四周就是佃農的住家，每家會有個門，通到紳糧的大宅，紳糧家裡一發生什麼事，這些佃農就會馬上去幫忙。有些紳糧的宅院及佃戶的房子就蓋在山寨邊，剛到萬縣的時候，張才雄這一家是住在城裡，後來為了躲轟炸，就搬到山寨邊向佃戶租用的房子裡。他們就這樣在佃農家裡住了下來，很快地就與他們的孩子熟稔地生活在一起了。

睡天花板的日子

做了一陣子香菸生意後，張才雄到萬縣郊區的致遠中學讀初二，後來又轉到在長壽的國立十二中就讀。就在十二中畢業考當天，他突然暈倒了，原來他得了痢疾，已經腹瀉了好一陣子，連考卷都沒寫完，就體力盡失昏倒了。

當時流亡學生最容易得到兩種病：瘧疾和痢疾。西醫治療痢疾最常用的方法就是瀉毒，讓人把腸子的細菌都瀉乾淨了，再慢慢吃東西。張才雄一開始瀉到根本沒辦法吃東西，瀉光了稍微好一點，就餓了，但是一吃東西又開始瀉，就這樣反覆一直犯病，整個人骨瘦如柴。拖著病體忍受了一兩個月，他很幸運地遇到了一位國文老師，也是湖北同鄉，懂得基本的中醫，就幫他看了看，說：「你吃西藥沒有用，西藥是讓你瀉光，吃東西一樣又犯，不但根沒有除，抵抗力也沒了。」那位老師為他開了一帖中藥方子，還給他錢去買藥。結果張才雄才吃了兩帖，瀉就止了，也能進食了。但也因為這次的瀉肚，影響張才雄的腸胃一輩子。

因為考試時暈倒，張才雄根本沒辦法自十二中畢業。戰時的流亡學生，初中畢業後若不能去讀高中，由學校供應吃住，就得自己想辦法找工作，自求多福，那是截然不同的命運。但是，成績不好的中學生，高中會不會收還不知道，那些淪落在外的流亡學生很慘，都快餓死了，「當學校還在考慮要不要讓我們升高中時，九哥建議我去考重慶的中央工專，因為他在那裡讀書。我說書都沒讀好怎麼考，他說這三個月拚了，我陪你一起讀。」於是，為了參加中央工專的考試，他就隨著九哥上重慶。

那時，他每天都在溫習功課，張才雄對數學的記憶恢復得最快，因為初中二年級時他就對數學產生了濃厚的興趣，特別是因式分解，題目做完了，他還會主動找題目來做，而且成績很好，不過其他科目就稍微差了一點。

重慶城裡沒有一個地方是安全的，每天都不知道敵機何時臨空轟炸。張才雄知道自己要考上中央工專很不容易，也知道自己非讀書不可，如果考不上工專，他就得流離在外、有一餐沒一餐的，這種終日惶惶的日子，讓他感到十分恐懼。為了生存，張才雄沒有其他選擇，他常常和九哥一邊冒險在街角或防空洞附近苦讀、一邊躲避日軍的空襲，就這麼拚命一搏了。

考試還沒放榜，九哥就去了綦江煉鐵廠實習，張才雄只好一個人在學校等待結果。如今回首，那一段日子是他這一生中最艱苦的時刻。很多跟他一樣窮苦的流亡學生，為了填飽肚子得想盡各種辦法；有時候，張才雄會買一些四川的榨菜，切成絲之後加點麻油，然後拿個碗到餐館去買白飯，就這樣當作一餐。「有一天，我到了餐館，裡面的人卻不讓我買飯，他說他是賣菜的，不是專門賣飯的。當下我連哭都哭不出來，只能把眼淚往肚子裡吞。」那悲慘又難堪的遭遇，張才雄永遠不會忘記。

就在飯都吃不飽，日子快過不下去的時候，有人介紹他去做臨時工賺點錢。那是一個教會在書店裡擺的攤位，讓幾個窮學生幫忙摺信封，摺多少信封就給多少錢，工資還比信封的賣價高，也算是教會救濟這些流亡在外的孤苦可憐學生吧！

困境中總要尋找求生存的方法，張才雄想出了一個省錢的妙招：到中央大學「混飯吃」！中央大學很大，餐廳寬敞，學生也多，校方沒法兒看得那麼緊，於是他常常請一群大學生把他夾帶進餐廳裡，只有那個時候，餓了好幾日的乾扁肚子，才因為冒險「偷吃」，稍微有點「飽」的感覺。

除了吃不好，住的也很克難。那時一般的學生宿舍通常是兩層樓，第三層是斜頂。中央工專的經費比較充裕一點，所以蓋了個天花板夾層，張才雄當時就是和十幾個學生一起睡在夾層上。張才雄還記得，常常睡到一半的時候，突然有同學爬起來大哭，原來是被從天而降的毛蟲給嚇醒了。但張才雄不怕，跟萬縣的毛蟲比起來，重慶的毛蟲根本是小巫見大巫。萬縣的毛蟲會分泌一種液體，碰到皮膚會產生劇烈的火辣刺痛感，相較之下，重慶的毛蟲不足為懼。

等待放榜的日子，張才雄就這麼睡在天花板的夾層上，不時還有一些小蟲跑來當「室友」，一個多月之後放榜，他考進了中央工專分校。

第五個工程師

中央工專畢業後，張才雄開始了工程師生涯，他也成為家裡的第五位工程師。他的第一份工作，是在重慶「大渡口鋼鐵廠」實習，這是抗戰時期後方規模最大的一個鋼鐵廠，有一百噸的煉鐵爐，礦源來自工業大城：綦江。張才雄待在這裡的時間不長，但是這段時期的經歷對於他日後的處事態度卻有莫大的影響。

■大渡口的唐老虎

甫進鋼鐵廠，專業技術都還沒開始學習，張才雄就先接受了一場震撼教育。從前沒有電腦繪圖，設計圖都要徒手繪製，之後再描圖、曬圖。因為是手工製圖，所以字的工整很重要，字寫漂亮了，整張設計圖看起來就會清楚又美觀。

當時鋼鐵廠設計部有位主管姓唐，因為他很認真、嚴格，大家都叫他「唐老虎」，人如其名，不苟言笑。唐老虎有個規定：新成員報到後，一定要練幾個月的仿宋字，他還會逐字批改，字寫整齊了，他才開始讓你參與繪圖工作。

張才雄剛去沒多久，就被唐老虎大大磨練了一番，有幾個同梯次的實習人員嚷著吃不消，沒多久就離開了，但張才雄並不覺得苦。仿宋體的特色是粗細相同、字跡端莊，俊逸中帶著一股傲然的挺拔，如同做人處事，講求的是頂天立地、剛直正義、不投機取巧。張才雄就這麼一橫一豎、一筆一畫，慢慢地體悟出仿宋字的沉穩底蘊，他不但練就出一手好字，也練就出是非分明、正氣凜然的個性與做人的態度。

練字難不倒他，但吃不飽可就是個大難題了。廠裡的伙食菜色不好，張才雄常常感覺吃不夠飽，對於一個二十啷噹歲的年輕人來說，長時間下來，身體有些吃不消，有時候他不得不多花個五塊錢買片扣肉，就為了多吃碗飯，那個時候五塊錢是很大的。「人都已經開始工作賺錢了，飯還吃不夠飽，會影響工作的動力。」在艱困的環境裡要生存，就得要動腦筋，除了要解決最基本的民生問題，還得改善生活。就在這個時候，有個長輩邀請他到位於四川省岷江上游的犍為縣「華昌煤礦」上班，當時張才雄從未勾勒自己未來的願景，純粹只想為當下的生活打拚，雖然華昌的工作內容很繁雜，但待遇卻比大渡口鋼鐵廠高出數倍，生活苦哈哈又吃不飽的他，沒有理由不去。

兩度躲過劫難

以前的煤礦場安全性不比現在，常有意外發生，即使小時候偶爾跟著父兄們到礦場，父親也從來不准他進到礦坑，因為太危險了，最多只讓他在煤井邊上看著。真正進到煤礦坑，是他在華昌開始工作以後。

華昌煤礦位在四川省樂山市（古名嘉定府）的犍為縣，屬於一個潘姓的四川軍閥所有，此人在道上跟洪幫都很有勢力，只要打著華昌公司的招牌在外面，土匪也畏懼三分。儘管如此，華昌煤礦還算是正派經營的公司。

張才雄一個人拿著行李就坐船出發了。那個季節河川剛進入豐水期，機動船可以一直往上游駛到樂山市，他搭的小船就這麼一路上行，中途停泊瀘州，到了瀘州後，張才雄便找了一間旅館過夜。同行有一個女孩，是從昆明來的，也是要到犍為，當時天色已晚，加上人生地不熟，有個人可以講話，又是要往同一個目的地，彼此自然就熱絡了起來。第二天上船時，兩個人又巧遇，由於船上沒幾個房間，大部分的旅客都在甲板上打地鋪，於是兩人就各自把行李裡的鋪蓋打開來占位子，就這麼一邊在甲板上聊天，一邊望著悠悠江水，十分愜意。

華昌煤礦位在犍為縣的山上，公司辦公室則是在山腳下的江邊小鎮上。張才雄抵達時，公司的人都已經下班了，他沒辦法報到，所以就找了間旅館投宿。說也奇怪，旅館老闆一直問他打哪兒來的？來幹什麼？到了晚上，老闆竟在他房間外探頭探腦，好像是想知道他還在不在。張才雄有點納悶，但也沒特別在意。

第二天清晨，他先到公司報到，也見了礦長，正準備到礦場去時，公司有個會計主任跑過來看他，還問了很多問題，他覺得更奇怪了：「看見新同事來寒暄幾句是正常的，但感覺他是在調查我的身家背景，這也太不尋常了。」初來乍到，張才雄也不做多想，還是有問必答。

礦場在幾百公尺高的山上，先得坐滑竿（這是一種當地特殊的交通工具，用兩根長竹竿中間捆紮成擔架，放上椅子可以坐人，前後有挑夫扛著），然後再搭船，他一路心情飛揚地來到了礦場。

報到之後，他被分配在運輸股，負責管理煤炭的運輸、車輛等。突然運輸股主任跑來問他：「你是不是帶了一個女孩子從瀘州坐船來啊？」「是啊，我們是在瀘州巧遇的，一路搭船、投宿互相幫忙。而且她一個女孩子，還帶著兩隻雲南火腿，很重，我就幫忙拿。」張才雄一五一十地說明。主任又問：「你跟她是不是很親？」。張才雄解釋：「就只是一路同行，而且坐船那天天很黑，偶爾互相攙扶一下。」。「那天晚上你幾乎要丟掉小命囉！

洪幫老大舵把子要派人幹掉你！」主任的表情彷彿是告訴他一個天大祕密。

原來，洪幫老大的女兒，三年前跟一個男人自由戀愛，父母不同意，於是兩個人就跑到雲南結了婚。三年後，這女孩耐不住思鄉情，就跑回家來。洪幫老大考慮原諒女兒，但不原諒帶她走的那個男人，他以為張才雄就是那個人，準備派人把他幹掉。張才雄這時才恍然大悟：怎麼走到哪裡都有人來故意攀談調查，原來這些人都是洪幫老大的手下，但發現他是華昌的人，所以不敢輕舉妄動，「不然我早就慘遭毒手了！」張才雄表情靦腆地憶起這段驚險中帶著浪漫的插曲，而這個故事也讓剛到華昌的張才雄馬上出了名，成為同事們茶餘飯後的笑談。

一年多後，一位在重慶「天府煤礦」擔任礦長的世伯，介紹張才雄去那兒工作。天府煤礦是當時四川最大的煤礦場，待遇也比較高，張才雄於是離開了華昌，進入了天府。在這裡，他再度經歷了一場生死交關的劫難。

那一天，他從重慶要回礦場，搭上一艘用拖船改造成的客船。原本順遂的航程，卻在嘉陵江上觸礁了，怒濤激浪不斷沖擊著船身，眼看船漸漸地下沉，江水漫進了底艙，所有人都焦急不已。所幸過了一會兒，船被一塊礁石頂住了，不再往下沉，船上所有的乘客都面帶驚恐坐在原位，一動也不敢動，等著岸邊的船來馳援。但四川當地有個「船不救船」的習俗，就怕救人的這艘船成了替死鬼。

大夥就這麼眼巴巴地看著近在咫尺的船，求生不得，有人不想坐以待斃，竟起身跳入激流的江水中，奮力游向岸邊，慌亂中張才雄也跟著脫了上衣，正準備往下跳時，突然後面有個人拉住他的衣服，求他帶他一起游上岸去。張才雄心想，我自己都不曉得能不能游到岸邊了，何況還要帶個人？就這麼一耽擱，他放棄了往下跳的念頭。也幸好沒有貿然下水，嘉陵江水流湍急，很多跳下去的人都被無情的滾滾江水沖到不知去向！

生死關頭、度秒如年，不知過了多久，終於有一艘好心的船伸出援手，張才雄也撿回了一條命。

■成都燃料公司

在天府礦場工作一年多，原擔任礦長的王姓世伯被邀請到成都燃料公司任職，於是該世伯也邀請張才雄到成都燃料公司工作，那是他離開大陸前的最後一份工作，他還記得公司對他們特別禮遇，安排他們坐飛機去成都，那時候搭飛機是很不容易的，一般人根本搭不起，那也是張才雄有生以來第一次搭飛機。

雖然名為「成都」燃料公司，但其實是位在離成都大概兩三百公里外的灌縣，一個叫浦陽場的地方。那時的重慶、成都雖然都是繁華的大城市，但在方圓兩、三百公里之外，還是未經開發的蠻荒之地，很多地方如同原始森林。成都燃料公司的煤礦場就是在這樣的一個地方，也是在這裡，張才雄經歷了工程師生涯中最驚心動魄的一場意外。這場意外，要從採礦說起。

採煤礦需要先從地表鑽探，以了解煤層的深度及範圍，然後開始挖掘直井或斜井通到煤層位置，再依煤層分布情況開闢水平主要通道（即俗稱之大巷），最後由大巷向左右開闢分支小巷至煤層。「大巷」裡有軌道，可以通比較大的台車，人可以推著走。分支小巷採的煤會集中到大巷的台車，然後再經由直井或斜井運送到地面。

四川已開發的煤礦煤層都很薄，厚度一般都在一公尺以下，有的只有五、六十公分，因此在這樣狹小的通道採煤非常辛苦，人根本無法站立，只能爬行。工人爬進去時，屁股後面還有兩個鍬子掛一個勾，勾子後面又拖個大概只有六十公分高的籐簍子，簍子下釘一塊木板，底下有輪子，只要把勾子往前滑，就會帶動簍子跟著人走，就這樣用人工挖掘方式，把煤一簍簍帶出來，集中到大巷的台車上再運上去。煤層到地表的運輸通道，分為「直井」跟「斜井」。井內有軌道，利用絞車及井內軌道，就可把空的台車送下去並把裝滿煤的台車拉上來。

為了將電通到礦坑下面，讓採礦工作順利運作，公司買了一個舊的船用蒸汽引擎，張才雄利用所學，很克難地組裝了一部發電機，透過皮帶的帶動，讓發電機發電，為礦內之照明及抽水泵浦、風車等電氣設備提供電力。另外在礦內還有一個很重要的工作就是排水，除了用電力馬達帶動的離心式抽水泵浦，還有一種是利用蒸氣帶動的華盛頓抽水泵浦（Washington pump），於是他們把蒸氣管順著斜井通到地下去，帶動華盛頓泵浦來抽水。

採礦的時候，人員也是坐著台車沿著斜井內的軌道下到礦坑，斜井往下深入達幾百公尺，然而有時候機器會突然故障，連帶使整輛台車翻覆，坐在上面的人也會跟著滾出來。就有這麼一次，張才雄搭的台車翻覆，人也跟著翻了出來，旁邊就是高溫滾燙的蒸氣管。平常蒸氣管有保溫泥做隔絕，但久了難免有破損，露出內層鐵管的主體。「我當時下意識地伸手一抓，右手就剛好抓在裸露的鐵管上面，整個手掌被滾燙的高溫燙傷。但如果不抓，當下就會順著斜坡往下滾，必死無疑。不過我腦子裡很快地閃過一個念頭：馬上平躺下來，減緩了下滑的衝力，右手也就脫開了。」張才雄就這樣冷靜地躺在暗黑悶熱的斜井裡，等待同事來救援。

事後，他回想起數年前大哥在湖南的煤礦坑工作時，有工人因為不知上方有早期採礦的廢棄礦坑（內有大量積水），開採時不慎導致上方崩塌，大量積水衝入坑道，造成一百多人被淹死的事件，內心悸動不已，久久不能平復。

父親雖然沒有遭遇災難，卻也於壯年病逝在萬縣，不久抗戰勝利，母親回到家鄉約兩年後也去世了。他則因為遠在成都，受戰亂及交通不便影響無法奔喪見他們最後一面，成了他心中最大的遺憾。

歷經戰亂、疫病、流亡，以及生命中的幾度劫數，種種環境的磨難，淬練出張才雄堅定的心性與臨危不亂的性格，日後即使遇到更大的困厄，都再也無法擊潰他了。

第三章 隻身來台

一九四五年，對日抗戰勝利，國民政府首批接收人員抵台。戰後經濟蕭條、百廢待舉，亟需專業人才，大陸各領域的菁英陸續來台貢獻己力。一九四八年，政府再一次針對各單位欠缺的人力，調派適合的人選赴職，張才雄的機械工程背景，讓他納入了這一波來台名單內。而誰能知曉，這一度遙無歸期的羈旅歲月，竟在多年後結織出情牽數十載的兩岸水泥情。

■驛動的港務人生

對日抗戰勝利後三年，國民政府接收台灣的工作大抵完成，但是接收後有太多的建設需要重整更新，於是二十四歲的張才雄經由朋友的引薦，就這樣從大陸被派到台灣港務局工作，跟他同期來台的人士，大多是年紀相仿、學有專長的各界菁英。

早在第一批來台接收的人員裡面，有位出身自德國柏林大學的工程師葉明升，他是水利專家，後來被派到花蓮港分局擔任分局長，負責花蓮港接收工作。那時候，台灣只有基隆跟高雄兩個港務單位，花蓮港還隸屬於基隆港管轄，港埠的規模不大，雖然政府派了很多人才，但多是往基隆跟高雄去，大部分人都不太願意到被稱為後山的台灣東部偏遠的窮鄉僻壤來。葉明升獲派到花蓮港擔任分局長後，求才若渴，因此，張才雄受葉明升邀請到花蓮港，參與花蓮港整建工程。

張才雄被分發到修理廠，負責交通、建港、船舶打撈等有關的機械維護修理，雖然年紀輕輕，但他一貫認真、埋頭苦幹的精神，著實幫花蓮港解決了不少問題。不久，基隆港也要擴建，擴建工程處就向花蓮港借調張才雄到基隆港協助擴建工程。這樣的借調有好幾次，其中兩次還持續了很長一段時間。後來，東西橫貫公路動工，急需有機械工程專業背景的人，因此公路局也向花蓮港借調張才雄，協助橫貫公路新建工程，他在公路局也工作了一年之久。

張才雄第一次被借調到基隆港所參與的擴建工程，就是做穀類圓庫。當時台灣的小麥仰賴國外進口，當貨船到了碼頭要卸貨，傳統的方式是運用抓斗，將船艙裡的小麥一斗一斗地吊到岸上，再透過輸送設備運往倉庫去，不僅效率低，搬運過程中的耗損率也高，所以這一次基隆港的擴建工程，就是要改用新式卸貨設備，增加運送效率並降低耗損。

這項工程的規模浩大且繁雜，不但從德國添購了許多新的機械設備，像是吸穀機、輸送機、提運機等，除了需要組裝測試外，也要同步進行圓庫的工程。張才雄的工作就是配合擴建處，參與機械工程的規畫與執行。一旦機械化之後，就可以運用這些設備，將小麥從船艙中直接運送到圓庫存放，速度快、效率高、損耗低。

圓庫的工程非常困難。以前的圓庫是用固定模板來製作，它是以兩、三套模板作為交換運用，當一套模板灌漿之後，再拿另一套模板往上一層灌漿，好了之後，將下一層的模板拆卸，再安裝到上一層去。這樣一段一段地由下往上施工，就稱為固定模板，如果要做六、七十公尺高的庫，成本會很高，且拆卸跟安裝的過程，就會相對增加許多時間與成本。

另外有一種建造圓庫的方式，就是美國人發明的活動模板，通稱滑模。一開始是先從底部組裝，再進行灌漿，待第一層混凝土差不多要凝固的時候，滑模即透過自動滑升設備向上一層移動，如此一層一層往上施工，到最頂層後再將滑模拆卸，進行封頂及防水工程。平均一個七十公尺高的圓庫，大約十餘天就可以完成滑模工作，在當時是一個既省時又省成本的施工方式。

基隆港是國內第一個用活動模板來做水泥圓庫的港口，由於沒有前人的經驗與任何奧援，一切只能靠自己摸索。擴建工程處買了一本叫《活動模板》的原文書回來，翻譯之後每個人發一本，大夥就根據這本書，一頁一頁地慢慢土法鍊鋼，齊心協力將白紙黑字轉化為一座座真實的圓庫。圓庫一做就是八座十座，現在到基隆港去，還能望見一排一排的庫。

張才雄像一塊海綿，努力地汲取這個行業裡的知識活水，澆灌自己的專業沃土，這一次的借調，不但讓張才雄見識了基隆港入庫機械化的創新，也了解到建圓庫的最新技巧；而港口的輸送設備跟水泥的運送方式也很接近，這許許多多難得的經驗，對於他日後進入亞泥工作有著莫大的助益。

或是陰鬱多雨、或是巨浪洄瀾，張才雄十五年的港務生涯，就在基隆與花蓮之間穿巡往返，雖然工作環境時常變動，身心勞頓，但他倒不覺得辛苦，反而心裡充滿感恩，因為這代表著他得到了學習的機會，能力也獲得了肯定，而每次的借調，對他的經濟狀況也有一定的改善。

當初，張才雄從大陸風塵僕僕地來到台灣，除了簡單的行囊，身無長物，住的是公家宿舍，床鋪、桌椅、家具也全都是公家配發的，每個月大概只能領一千多不到二千塊的微薄薪水，打光棍的時候日子還過得去，但是後來成了家，三個小孩陸續出生，每天一睜眼就得精打細算一家五口的花銷，日子過得很緊。但是只要借調到基隆港，張才雄就會有額外的津貼，一個月如果借調二十五天，就可以多拿一千五百元的薪水。「這對我很重要，原本薪水只有一千多塊錢，但多了一千五百塊，除了貼補家用，還可以有一點小積蓄。當時，有個學土木的好朋友準備出國，很需要錢，我就把存下來的八十塊美金全都借給他了。」這位朋友後來在異國拚命打工賺錢，一年多後，就把錢全數返還。

出國深造在一九六〇年代蔚為風潮，那時台灣剛開始與歐美世界接觸，但是機票非常昂貴，平民百姓根本坐不起，只能「打黃魚」，也就是塞點錢給貨船，買個船員的床位跟伙食，航程算一算大概要一個多月才能到美國。

眼看著同事紛紛到歐美進修、發展，張才雄心裡也一直思忖著要不要跟進。當時在美國發展機會多，待遇也比台灣高出許多，但畢竟不是自己的國家，再加上文化與語言上的隔閡，其實一般華人要在歐美闖出一片天是非常不容易的。而且，他那時候已經有三個孩子，經濟壓力大，到美國去能不能發展得比台灣好，還是個未知數，他也不放心把妻小留在台灣，於是經過深思熟慮之後，張才雄還是決定留下來。

考進亞泥

後來，因為基隆港的船機科科長被派任到荷蘭監造挖泥船，急尋繼任人選，於是張才雄第二度被借調去基隆港，接手船機科主管職務。這一次的借調長達兩年，也是張才雄在港務局任職的最後時光。

一九六三年的一天，亞泥新竹廠副廠長薩浦泉來參觀基隆港的穀倉設備，擔任船機科科長的張才雄負責接待。薩副廠長發現這裡的自動化設備建置得很好，所有的馬達只要一個動作，就一個接一個啟動，這個連鎖系統（Interlock System）讓薩副廠長讚賞不已，轉頭問張才雄：「我們水泥廠正在招考，很需要你這種人才，你可以來參加嗎？」

這個機會來得正是時候，當時，陳誠的「耕者有其田」政策剛開始施行，政府還地於農民，付錢給地主，台灣的經濟逐步繁榮，民營企業開始蓬勃發展，肥料廠、水泥廠等公司紛紛成立，還有台灣水泥、台灣紙業、台灣工礦、台灣農林等四家上市公司，再加上有重大工程建設正在進行，張才雄心想，水泥業應該很有發展。那時，公家機關裡很多像他這種年紀的人，不是選擇出國，就是轉至民營企業任職，因為民營單位的待遇比公家機關好太多了。

張才雄決定去報名參加考試，這是他來到台灣後唯一參加的一次企業招考。亞泥招聘的是高級工程師，共有一百多人報名，但最後僅錄取了四位，結果另外三個人都沒來，只有張才雄去報到。這時好巧不巧，高雄港務局船機科科長也準備出國，他特地跑到基隆港去找張才雄，想請他到高雄港接替他的職位。「但是亞泥當時允諾給我一個月八千塊的薪水，是港務局的四倍，這是很現實的問題。」張才雄最後還是選擇了亞泥。

從錄取到報到，中間還拖延了一段時日，因為創辦人徐有庠先生人在國外，必須等他回來後安排一次面談。那是創辦人與他的第一次見面，對他印象似乎不錯，很鼓勵他，也對他很客氣，還說亞泥與港務局的關係不錯，因為有很多的貨要出口，所以港務局對亞泥一向很友善……聊到最後，創辦人希望他能早一點來上班。

雖然當初張才雄是在花蓮港報到，但他還是得回到基隆港辦理離職手續。待交接完船機科的所有工作後，張才雄回到花蓮，上了一天班，這十五年的港務人生，就此畫下了句點。

一切積累　都為成就將來

十幾年的公務員生活，雖然清貧卻怡然自得，在港務局工作時，張才雄睡的是公家的床、用的是公家的椅子、桌子，他到亞泥報到的時候，只有一些隨身行李，和一點簡單的家具，以及小孩出生時港務局長送的一張藤床，張才雄的幾個孩子，都睡過那張藤床。後來局長來探望他，見到那張床還很驚訝：「我送給你的床，你也帶著啦！」

來到亞泥後，薪水多了三倍，張才雄突然覺得自己好有錢，開心地為家裡添購了第一台冰箱，孩子們高興得不得了，終於可以吃冰的東西了。

似乎是命中註定，張才雄就這麼一頭栽進了這個行業，他殫精竭慮全心投入，不知不覺，已然在水泥裡打滾了半個世紀。初到亞泥新竹廠時，面對的是一個全然陌生的環境，雖然曾有煤礦場及港務局的工作經驗，但與水泥廠仍有非常大的差異，因此剛開始張才雄是抱著學習的心態來面對所有考驗與困難，並利用之前累積的不同人生經驗來克服。在大陸煤礦場的工作經歷，成為日後採礦的借鏡；在港務局接觸到的圓庫、機械自動化運輸系統，正好運用在為亞泥建構「環島海運」的專用碼頭工程及全自動化設備，以及建造第一艘水泥專用的散裝船——「亞泥一號」等方面，以達到「不落灰」的運輸方式；讓他在未來的水泥領域得以有所發揮。

閱人無數的創辦人曾經對張才雄說：「你在煤礦場與鋼鐵廠做過，又在港務局待過，機械製造你也會，你不做水泥要做什麼？」

第二篇

魄力改革．快速起飛

第四章 大改革家

離開了港務局，張才雄在一九六三年進入亞洲水泥。當時正是台灣經濟起飛的年代，為配合政府推動第二期四年經濟建設計畫，亞泥於一九五七年成立。從紡織跨行到水泥業之初，很多組織規範或制度章程還在摸索時期，難免衍生一些問題，而張才雄的加入，正好給亞泥一個改變的動力。在創辦人的鼓勵之下，他努力實現創辦人的理念，協助亞泥邁向另一個階段。

灰塵瀰漫的新竹廠

亞泥是張才雄在台灣任職的第一家民營機構，也是唯一的一家。那時民營機構紛紛成立，待遇也優於公家機關，很多人都由公家單位轉到民營企業來。「當時大部分的工廠都是漫天煙塵，鋼鐵廠還好一點，像我在大陸工作的大渡口鋼鐵廠，廠區很大，員工有一萬多人，雖然噪音大，但沒像水泥廠這麼多灰，水泥廠的灰多到很可怕。」張才雄回憶第一次來到亞泥的心情。

他身體一向瘦弱，也怕灰塵，第一天戴上口罩，就覺得不舒服、很悶，但是又非戴不可，實在忍不住的時候，他就把口罩拿下來，讓鼻子透透氣。但他心裡不免開始想像：「天啊！我要這樣戴一輩子嗎？我一定要改善，不能一直這樣下去！」

水泥廠裡的灰到底有多嚴重？不只空氣中的灰很濃，就連樹葉也蒙上一層黑色的泥塵，掩蓋了綠意；有時候，水泥熟料的細灰還會跑到眼睛裡，那更是難受。在室內雖然好一點，但辦公桌也隨時罩著一層灰，一天要用抹布擦上好幾回，擦桌子成為清潔人員每天的重要工作之一。

雖然每天要面對這樣的環境，但是張才雄並沒有因為「灰」而萌生退意，他想，既然進到了這個行業，看到了一些缺點，將來一定要想辦法改變。

那時公司從紡織業跨足到水泥業僅六年，對這個陌生的領域還不太熟悉，只能從同業那裡延攬人才，雖然各方好手匯集，但彼此的背景以及作業習慣都不盡相同，除了團隊需要磨合，許多制度也不夠完備，因此整體效率較低。

張才雄剛報到的時候，被分派到棧務組管發貨，當時原有的運輸公司因經營不善而關閉，因此他被指派負責成立新的運輸公司（裕民運輸公司），來運送水泥給客戶。張才雄就此擔負起棧務與運輸的任務，直到隔年三號窯擴建。

當時棧務組及運輸公司的管理較鬆散，因此他上任後對於發貨制度及規定做了一些調整，而且對於包裝時破袋率偏高的情況予以改良，一方面加強包裝紙袋的品質管理與驗收，一方面改良收塵設備，使現場環境得以改善。運輸公司成立後，由於自己公司的車輛有優先裝車權，因此許多排隊很久的外車對此不滿，張才雄於是撥用一個車道給自己運輸公司的車輛專用，與外車分開，這才平息紛爭。類似這方面的大大小小的事情還不少，也因為有了這些管理措施，使這個單位運作逐漸改善。

他在棧務組待了大約一年，一九六四年三號窯擴建，張才雄被調去參與擴建工程，協助工程計畫、預算編列、設備安裝等事項。三號窯擴建是由之前的工程師設計定案的，當時的設備設計規範並不完備。因此張才雄協助擬定完整的設計規範標準，並且在之後的擴建工程開始採用。

三號窯完成後他調去製造組擔任主任，製造組既然負責生產，牽涉到的問題就更廣泛了，除了要設法提高產量，還必須注意水泥品質，因此設備的運轉及維護就非常重要。當時台灣正處於經濟起飛階段，各項基礎建設正全力開展，水泥供不應求，客戶都在廠外排隊等著提貨，因此生產單位的壓力非常大，遇到設備故障時，就立刻請負責維修的工務組派人修理，即使是三更半夜也不例外。

當時新竹廠設備故障率高，常出狀況，製造組希望趕快把故障設備修好，因此經常催促工務組同仁儘快完成，大家壓力都很大，兩個單位經常發生爭執。「我幾乎每天晚上都要出來巡邏，出了問題就得馬上找人維修，當時有個負責修理的主管，常常會在晚上接到我的電話，有一次，他乾脆用棉被把電話蓋住，不接了！我只好親自到他家去找他，因為沒辦法，設備沒修好就無法生產。」張才雄強調，那時在水泥廠工作真的很辛苦，只能用「疲於奔命」四個字來形容。

不只如此，製造組跟品管組、化驗室得要維持良好的關係，跟電儀控制與機械修理部門更是息息相關。「平時跟這些人都要很虛心請教，跑現場很重要，但把事情做通更重要，而要把事情做通，就需要各單位的幫忙啊！」

來到亞泥後，自我要求甚高的張才雄很努力學習，就為了能夠早一點進入狀況。那時廣播電台有個英文節目，他每天早上起來就苦讀英文，複習前一天晚上學的。此外，他還閱讀許多水泥的書籍、汲取採礦的相關知識，也不忘記精進自己擅長的機械領域。「水泥業的器材大多是國外進口，你不先把英文學好怎麼看得懂？至少要能夠溝通吧！沒有搞過水泥的人來吃這行飯，不努力怎麼學得會？一定要有苦幹的精神才行。」

苦幹精神的後面，其實是來自家庭經濟的壓力，以及頭銜帶來的責任感。直到後來參加三號窯的擴建工程，他雖不是主要負責的工程師，但是一有新的機械進來，他就會勤快地跑到現場去看、去學習，不斷地督促自己。

如果水泥業是一片翻騰起伏的大海，張才雄期許自己要站在浪尖上、站在這個產業的最前頭，才能看得更高、更遠。

帶人也帶心

當創辦人決定經營水泥廠時，人員方面除了自行招聘外，也直接在同業間找了一批人過來。但當時人事很複雜，工作效率低，勞役不均。

人跟制度的管理，一直是新竹廠早期最大的問題。那時候有沒請假就不來的，也有溜班的，但也有連續工作兩天一夜不眠不休的。曾經有個修理單位的工人叫余成道，是很好的電焊工，也是個埋頭苦幹的老實人，大家都喜歡找他。有一次余成道加班，原本已經做了一天還做不完，後來又熬夜趕工到第二天，直到第二天晚上，他已經累得睜不開眼睛了，張才雄看了不忍心，叫他休息一下，結果他竟立刻躺在地上睡著了，他已經不眠不休做了兩天，但是其他的人不知道都跑到哪兒去了。

進亞泥兩年，張才雄看到了許多不合時宜的管理與制度，他知道改革的急迫性，但他沒有權責，只能先一邊沉澱自己、一邊努力學習累積經驗，慢慢地，一些創新的觀念與做法，逐漸在他心裡萌芽。一九六五年，張才雄升任新竹廠製造組主任，終於，他有機會為這個企業做些改變了。

為了整頓，他曾經開除過四個人。其實他心裡也不願意這樣做，情節較輕的，他會原諒。像在上班時間睡覺的人，如果真的是因為工作太累而不支，他會睜一隻眼閉一隻眼，叫醒他，要他以後不要再犯了；但有些如果影響到安全，那就很嚴重，一定要開除。此外，打架鬧事的、無故曠職的，也都要處理。

張才雄永遠記得他第一個開除的工人。

那個人已經十八天沒有來上班，也沒有請假。「我去問他主管，主管很袒護他，說他家裡有事。問他有沒有請假，他說沒有。我說，照規矩曠職超過三天就應該要開除。」隔天，張才雄親自去找了文書，要他寫一份開除的公告，自己拿著去找廠長蓋章。

「這人十八天沒有來，每個人都這樣，工廠還能生產嗎？工作還能推動嗎？他要繼續在這裡，我也沒辦法做下去了！」張才雄說。廠長提醒他：「你真的要開除他嗎？這人很厲害，他可能會私下找你麻煩哦！」「我不怕麻煩，我若姑息他，這碗飯我也沒辦法吃。很簡單，我也是生存問題，他要來找我拚命，我也只好拚了。」張才雄豁出去了，就算賠上飯碗也要開除這個人。廠長聽了笑一笑，就蓋了章，讓張才雄把開除公告貼上布告欄。

過了幾天，這個人跑來辦公室找張才雄理論：「我進來的時候是送了錢的，我如果有事就可以不來啊！」張才雄說：「先不說你送錢是違法，就算是這樣，你工作還是要做啊！你曠職十八天不來，如果每個人都像你這樣，那我們這個工廠還要不要開？你薪水從哪裡來？」講到最後不了了之，這人就走了。

到了第二天，他又跑到張家，一副要老大要吵架的樣子。「我是為我的飯碗，你也是為你的飯碗，你別胡亂生事，大家還有感情，你要找工作我還可以幫你的忙。」張才雄苦苦勸誡。那人雖然還是很生氣，但想想也覺得有點道理：「我假使找不到工作再來找你。」

那人離開工廠沒多久，就到同業那裡上班了。

過了好多年，張才雄已經在總公司擔任副總，有一天，那人突然跑來看他：「當時是我不對冒犯了你，我到今天都還很尊敬你！」他也強調，從那次事件記取了教訓，之後在工作上一直都很努力。「我想，人總是有良心發現的時候，那時他會明白自己以前的錯誤。」張才雄說。

建立了制度，人事問題漸漸解決，但生產的部分還是有很多意外與挑戰。有一次，窯出了狀況，水泥生產不出來，一堆卡車在外頭排隊等著提貨，創辦人急得一直往廠裡跑，但每次來看都沒有進展。

老闆急，張才雄更急，那是他的責任，他知道問題所在，但牽扯的範圍很廣，不是一兩句話就可以說明白的，他只好拿自己的飯碗做擔保：「徐先生，現在很多東西還在改，難免你看了有不滿意的地方，但是整改需要時間，你可不可以給我兩、三個月，到今年年底前，我一定會把這兩個窯改好；假使改不好，我就自己捲鋪蓋走路！」

後來創辦人真的不常到廠裡來，張才雄和修理單位的彭學仁帶領著大夥兒，夜以繼日地整改，到了年底前，果然改好了，水泥終於可以順利生產。吃年夜飯的時候，創辦人來了，他看到每個窯都順利生產，而且超過以前每年的產量，非常滿意。這可能也讓創辦人對張才雄有了較深的印象。

張才雄從製造組主任一路做到助理副廠長、副廠長、廠長，對於「人」的管理都嚴守著一套賞罰分明的標準，不對的開除，好的則獎勵，平時也不吝給予關心或照顧，所以員工對張才雄是打從心裡尊敬與服從的。

有一個員工，讓張才雄此生都銘記於心。那是在他擔任新竹廠廠長的時候，有個磨房領班叫羅祖蔭，工作非常負責認真。有一天，羅祖蔭不到八點就到廠裡了，因為前一天提運機還在修理，他想早點來確認一下修理的狀況。

提運機是將一個一個提斗以皮帶或鍊條串聯，用馬達帶動，可以一個斗一個斗連貫地將原料由底部往上帶的機械，每個提斗的重量都很重。前一天晚上，修理廠的員工修理到很晚還無法完成，就用一支卡榫先將鍊條卡住，避免它轉動，因為機器有二、三十公尺高，一轉一帶動，整個加速度下來是很危險的。栓好了卡榫，修理廠的人就走了。而早上羅祖蔭為了要確認狀況，就將頭伸到裡頭看，沒想到這時候，卡榫竟然斷了，整個鍊條砸下來，打破了他的頭，當場不治。

當時，羅祖蔭的大女兒還在讀高中，事發後，張才雄強忍悲傷到學校告訴她爸爸出了意外。羅家幾個孩子都還小，遭逢巨大變故，全家孤苦無助。張才雄很心疼，心想一定要幫遺眷們做點什麼，該爭取的，他都幫他們爭取了。有時候，他會請羅家的孩子們到家裡來玩，羅家大女兒對張才雄的孩子也很好，兩家人就這麼熟稔了起來。後來廠裡的福利社缺人，張才雄請羅祖蔭的太太來管理，勉強可以多一點收入。

此後，羅家的孩子有什麼問題都會來請教張才雄，大女兒還曾帶男友來給他看，他看了也覺得這男孩不錯，兩人就結婚了，婚後夫妻倆在金融業都有很好的發展。直到今天，羅家女兒還常來探望張才雄夫婦，陪他們吃吃飯、聊聊天。這宛如父女般的深厚情感，顯現出張才雄對屬下發自內心的關愛，他一絲不苟的工程師性格裡，其實藏著一顆極其柔軟的心。

■獎金與制度的大變革

張才雄在亞泥所做過最大、最成功的改革，應該就是訂定獎金制度了。進公司的第三年，張才雄就看出獎勵制度出現很大的問題，這是很重要的一環，獎金制度的好壞，關係到生產的動力跟產能。但他那時還是製造組主任，沒有權責。一九六八年，升上助理副廠長後，張才雄開始考慮重新訂定獎金制度。

那時候水泥業景氣雖好，公司也賺錢，但整個集團的營運還未上軌道，物價又飛快地上漲，今天調整了薪水，沒過多久物價又漲了，薪水不夠用，就加發一點獎金；等物價再漲，這加發的獎金又直接併到薪水裡去，完全沒個準。張才雄認為，薪水歸薪水，獎金歸獎金，而且獎金需要一個制度，隨著績效來獎勵員工，這樣才是長久之計。

當時每年的年終獎金發放需要老闆的批准，一到年底，公司的人就等著他去和創辦人談年終要發多少錢。但是見老闆對張才雄來說是一個壓力，見了他要講什麼話、今年有什麼成績、開口要多少錢……，他很不喜歡這種感覺，也因此促使他加速獎金制度化的腳步，訂了辦法之後，就可以一切照制度走，不用年年為了這事要見老闆。

於是年終的時候，張才雄對創辦人提出他的想法：「獎金應該要跟生產有直接的關係，生產多獎金就多。我要讓每個員工都曉得：『今天我多做了，多生產了，我就可以多拿錢！』，這樣才能刺激生產的動力。創辦人相信我，我說明了之後他也沒有問太多，就答應了。」

為了重新制定獎金制度，他找了會計主任一起研擬出辦法並試算獎金，費了很多工夫與時間，果然，新政策上路之後，新竹廠的營運也慢慢上了軌道。後來，張才雄又訂定了一套「成本績效」，這是第二套獎金。

他認為，當燃料耗費與維修成本跟獎金有關係的時候，員工就會懂得節省，當耗損低了，成本績效高了，員工就會算得出有多少錢的獎金。花蓮廠這個新廠不像老廠有經驗，要訂定這個標準數據、抓出每天大概的消耗量非常不容易，計算過程也相當繁瑣，張才雄為了這個成本績效獎金花了很多時間研究、試算，來來回回，終於調整出一個標準，公布出來，員工看了都覺得很公平公正，沒有話說。

獎金制度訂定之後，不但工作效率大大提升，產量也增加，有些來參觀的外國人看到這個窯的成效都非常驚訝，員工們也可以很自豪地對外說，我們這個窯以前的產量是多少，現在的產量可以達到多少。張才雄很欣慰：「這對他們而言是很大的鼓勵。」

另外一項重大改變，是在一九八七、一九八八年間他擔任總廠長後的一次調薪。「公平原則」是他這次訂定調薪制度的重點，讓低位階的人拿的比例也能多一點。「比如說平均調薪是百分之六，那基層的人可能就會有百分之八或百分之九，而高層可能只剩下百分之三點五或百分之四。當然高層基本上還是拿得比較多，因為他的薪資基礎高，所以調幅要比基層低。」

張才雄寫好簽呈報上去後，創辦人又找他來談話。原來，創辦人考慮到集團底下的機構很多，萬一大家都要求比照辦理調薪怎麼辦？張才雄於是向創辦人表達了一個觀念：「行業比行業」。他認為，機構裡的其他行業與水泥業不同，是不能直接比照辦理的。「不合理的差距就要拿出來討論，比例也是一樣，高層的人本薪原來就高，如果調薪比例再加高，只會愈拿愈多。但是在工作上，水泥廠裡的工人很辛苦，有時候禮拜天公司的人都放假了，他們還要來加班，如果調薪的比例都一樣，怎麼會公平呢？」創辦人聽他說的有道理，大筆一揮，准了。

同樣是水泥業，其他同業是職位做得愈高，年終跟紅利拿得愈多，一旦從廠裡調派到總公司，薪水增加，但工作反而輕鬆，就等著飛黃騰達了。但亞泥卻是完全相反，很注意基層的待遇，薪水與高層雖然還是有差距，但不至於像同業那麼大。後來，張才雄經常一個人拿著待遇表與職務加給研究，他發現：亞泥高層的職務加給比不上同業，但是工人的待遇卻比同業高一些。的確，經過了這一波的調整，亞泥在十等以下的同事，拿的都比同業要來得高。

張才雄果決的行事風格，也表現在礦場的管理與執行上。

他擔任助理副廠長兼製造組主任時，發現工廠的機器品牌很複雜，各個國家都有，美國的、英國的、日本的，相容性不夠，修理起來也麻煩。此外，礦山的工人管理也是一個令人頭大的問題，當時實行兩班制，早上八點到下午四點一班，下午四點到晚上十二點一班，他們有些人住在山下關西，有些單身的就住在山上。由於下午班的人只要運送量達到一百八十車即可下班，為了可以早點採足每天的量、早點回家，車子都開得很猛，因此耗損很嚴重，往往下班時車子的機械都會出毛病。那些下午班的人趕著下班，往往車子壞了也不修，等到第二天早班的一來，還得先修理好了之後才能開始採礦，兩班制不但增加加班費等管銷成本，還常常弄到隔天早上沒車子，久而久之形成一種惡性循環。

「有一段時間我跑到礦山去，才發現那裡有這麼多問題。管機械的人天天在修理，到了第二天早上每個人都在等車子，所以主管工程師、修車的機械工程師都覺得壓力很大，想辭職不幹了。」好在張才雄是學機械的，這樣的情形，給了他一個發揮長才的契機。

首先，他將各種品牌的車輛換成同一個牌子，便於操作及維修，舊的車輛則通通賣掉，並同時緊盯車子的保養狀況；接著，他將兩班制廢除，改成一班制。大家都是一班做完，不用因為趕著下班而開快車，車子的故障率也大大地降低，產量也都能達到廠裡的需求，礦石的品質更穩定。後來這些新竹廠的員工們都很感謝張才雄的這一項大革新，因為經過這樣的調整，員工下了班還有時間可以陪陪孩子，跟家人團聚，享受天倫之樂。

簡化車輛廠牌、兩班變一班制，這兩大創新的改變，不僅提升了新竹廠的效率與產能，也奠定了日後花蓮廠軟硬體建置的基石。

■化解工運危機的總廠長

一九八七年前後，張才雄兼管新竹跟花蓮兩個廠，當時創辦人跟他說：「你現在就是總廠長了。」但那時候還沒有這個職缺，所以只是名義上的總廠長。然而連張才雄自己都沒想到，這「總廠長」將要面臨一場全台規模最大的工運事件；更讓他想不到的是，之前調整獎金的政策，竟讓亞泥在這一次的事件中安然過關。

一九八七年政府宣布解嚴，隔年一月集會遊行法施行，政治環境解禁，社運有了發聲的管道，各種團體如雨後春筍般地出現，透過街頭運動，集結民意，向政府或資方提出各種訴求；那時雖然善待員工的企業占多數，但也有少數中小企業不遵守《勞基法》，剝奪勞工權益的事件時有所聞，於是醞釀出一波的工運潮。

那一次的工運規模很大，南部的團體都上來與北部團體串聯，主要目標是遠東紡織的新埔化纖廠，因為那個時候遠東化纖名氣大，就成了工運團體抗議的首要對象，而全省許多中小企業也都受到這股氛圍的影響。如果連遠東紡織都抵抗不了工潮，那麼其他的企業也很可能跟著遭殃。而亞泥身為關係企業，又同在新竹，勢必是下一個目標，當時新竹廠內的確瀰漫著一股山雨欲來的詭譎氣氛。

雖然主要目標不在亞泥，但亞泥內部也有一些異見在暗中醞釀著。當時快要過農曆年了，一些拒領薪水、獎金的員工開始鼓譟鬧事，亞泥新竹廠的工會意見領袖姓黃，連同十幾個工會的人，與遠東新埔化纖廠的工會相互聲援，新埔化纖廠因為工運鬧得很兇，開除了幾個帶頭的員工，造成了更大的反彈。

有一位其他工運團體的鄭姓領袖也支持新竹廠的工會，他認為亞泥是血汗工廠、是苛扣員工的不良資方，當時亞泥的代表，祕書處主管周維崑特地從會計處調出了薪資及獎金資料給他看：「請你告訴我，你覺得該要多少才行呢？」他一看，發現亞泥基層員工不但享有高的薪資及獎金，調薪幅度居然比長官們還高，非常驚訝，隔天就退出抗爭活動了。

亞泥這方面，先是派代表參加新竹縣政府的調解會，但勞資雙方卻一直無法達成共識，局面還是僵持不下。小年夜這天，大夥在公司吃飯，張才雄對創辦人表示他隔天要到廠裡去。創辦人不放心：「現在情況失控，你怎麼敢這個時候去呢？」「沒辦法啊，他們都不領薪水也不領獎金，馬上就要過年了，很多家庭都需要用錢，現在我去正是時候。」創辦人本來想安排幾個人陪他去，但張才雄婉拒了：「我一個人去就夠了！」雖然嘴上這樣說，其實心裡十分忐忑，但是他對員工有信心，那種一起胼手打拚、流血流汗培養出來的革命感情與團隊精神，絕不可能輕易地被破壞，他相信，此行一定不會有事！

除夕當天，張才雄一到新竹廠，十來個工會幹部就在那「迎接」，廠外還聚集了一堆遊行抗議的人群，口號聲此起彼落。混亂與喧鬧聲中，張才雄與這群工運代表們閉門開會，所有代表都到齊後，他先讓黃姓工會領袖表達他的訴求，之後張才雄跟他說，需要時間來處理他的部分，就請他先離開了。他走了之後，張才雄問現場的人：「你們以前的待遇是怎麼樣？我到亞泥之後，你們現在的待遇又是怎麼樣？跟同業比又是如何？」

事實上，張才雄不但提出了幾次薪資調整與獎金改革，也訂定了很多獎勵的方案：開新窯有獎金、年終有獎金，甚至修理大型機器成功也有獎金，而且一切堅守公平及公開透明的原則。「我今天沒有什麼好處給你們，因為以前都已經給你們了，如今生活很平穩，還要鬧什麼事情呢？論待遇，在水泥業你們已經是最高的了。就好好回去工作，趕快把薪水跟獎金領了吧，家裡頭還等著你們拿錢回去買菜過年呢！」

現場的人想了想，都覺得這位「總廠長」的確為他們爭取了很多權益，於是結束了抗爭，整起事件宣告平息。

至於那個黃姓意見領袖，還是繼續抗爭沒有上班，依照《勞基法》是可以馬上開除的，但為避免引起更大的反彈，張才雄在他曠職長達一個月後才正式發文，開除了他。

在這一次的工運事件中，新竹廠雖然歷經了一些危機與波瀾，但所幸沒有造成任何影響，因為張才雄早一步看到了員工真正的需要，而公司長期對員工的照顧與關懷，是用行動一點一滴積累而來的，這個事實不容被抹煞。

細數在亞泥的日子，除了獎金的改革，張才雄前前後後幫員工調了十餘次薪資，創辦人一直很信任他，只要有道理，幾乎都不會反對。「行業比行業」是張才雄向創辦人提出的一個觀念，但手心手背都是肉，一定有人會抱怨，所以創辦人必須先了解：亞泥是基於什麼標準發放獎金？什麼時候又會調薪？同時承諾只要達到同樣的水平，企業內其他公司也可以比照亞泥用同樣的標準給予員工更多的福利。

信任，是一種心意相通的默契與全心全意的支持，創辦人與張才雄之間的互信，就建立在這樣的基礎上。也因為信任，張才雄才能大刀闊斧地成功革除這些不合時宜的老舊制度，創造出下一個模範工廠——亞泥花蓮廠。

第五章

五大創新　打造不冒灰的水泥廠

一九七三年，創辦人徐有庠率先響應政府經濟發展計畫，開發東部資源，拓展水泥外銷，來到花蓮設廠，由於位處觀光勝地太魯閣公園前，創辦人交代：「我們一定要避免對環境造成衝擊，最好能夠還給當地一座大花園。」當時領導建廠的張才雄，帶領團隊在無數挫折與絆跌中努力不懈、堅持創新，終於領先同業，打造出一座高環保、高效能、高品質、低耗能的「不冒灰」水泥廠，也寫下台灣水泥史璀璨的一頁。

不冒灰水泥廠的關鍵拌料大倉

在新竹廠服務期間，廠內經常因為旋窯燒成不穩定，一氧化碳含量增加，導致靜電收塵機跳機，因而冒大灰，張才雄為此困擾不已，但又苦無對策。後來創辦人要張才雄帶領一組人到水泥業較先進的國家考察，看看他們的水泥廠運作情況如何，是否有新的製程或設備值得我們學習及採用。這次考察包括日本、美國、西班牙、義大利、德國等國家，為期八十多天。

期間在義大利一家水泥廠，張才雄遇到一位製造組主任，雙方交換意見，相談甚歡，張才雄就把新竹廠經常冒大灰的情況告訴他，請教他可有解決之道。他把張才雄帶來的資料和他們工廠的逐一比較，發現新竹廠的入窯生料化學成分變化比較大，他們的只有百分之零點三，而新竹廠卻在百分之三以上，他認為這就是造成燒成不穩定，一氧化碳含量增加，導致靜電收塵機跳機冒大灰的原因。

張才雄聽了非常高興，心想終於找到原因了，當他問到他們是怎麼控制到變化量只有百分之零點三，那位主任告訴他，關鍵在「拌料」，他們在石灰石大倉利用刮料機來拌料，並且在生料庫利用不同象限，轉換出料方式，達到拌料效果。

「原來如此！」張才雄喜出望外，困擾多年的冒大灰，終於找到原因及解決方法。

很多人以為，亞泥的新城山礦場選在好山好水的太魯閣公園前開採，一定品質特別好，事實不然。新城山屬於青壯型，山勢陡峭，海拔超過七百公尺，不但開採難度極大，礦質亦不佳，黏土的氧化鎂及鹼分都太高，連當初受邀來台擔任顧問的德國水泥權威都搖頭皺眉：「最好放棄，另外找礦。」

然而，新城山礦場的取得是歷經各種波折與阻撓，創辦人更是費了很多苦心，張才雄當時擔任新竹廠廠長，銜命建廠面臨種種難題，他心中只有一個目標：「絕不放棄，克服困難，大家團結合作，生產最好的水泥。」

雖然德國專家表示花蓮新城山的礦質不好，但他仍舊寫了一份很詳細的分析報告，並且幫花蓮廠建立了一套優良的品管系統，尤其是對化驗室的基礎訓練非常紮實，為花蓮廠奠定了很好的實驗室嚴控品管系統，張才雄更是嚴格規定，所有化驗結果一定要確實做到，如果任何人偷懶沒有做，或做出假報告，一律開除。

取自天然的礦石，成分變化很大，從採掘到調配生料、煅燒熟料到研磨水泥，製程十分複雜。張才雄於是交代當時的採掘組主管何恆張：「你們要研究礦石有哪些缺點，想辦法找到副原料來調配，一定要弄到最好……」

上山下海、挖土翻地、取樣化驗，費了好大功夫，同仁們終於找到了花蓮海岸的一種黏土，這土壤經過深海淤泥沉積與板塊移動，鹼份很低、質細好磨，沒有石英結晶粗粒，是很好的配料，但需要每天用卡車到海邊去採運，耗費很大的成本。

同時，礦山石灰石每個採掘階段的化學成分會有變化，需要克服的問題也不同，因此，就有年輕工程師形容：「在亞泥一年，勝過在其他水泥廠好幾年，學到的經驗與挑戰更多。」也難怪何恆張說：「做水泥真的很有趣，一點都不枯燥，每天都有不同的問題丟給你，石灰石這麼不好，就必須斤斤計較，鍛鍊出一身好功夫。」

「外人以為，一把泥土，一塊石頭，就可以燒成水泥，其實沒那麼簡單。水泥業涵蓋了機械、電機、土木、化工及採礦等五種專業。」歷經新竹廠灰塵瀰漫的十年抗戰，張才雄深深體會到做水泥的難為，周遊列國取經，再對照新竹廠近乎「土法煉鋼」的做法，他意識到：唯有引進新設備與技術，培養專業人才，才能開創台灣水泥業的新局。

因此，在籌建花蓮廠的計畫中，亞泥便斥資建造了台灣水泥史上第一座拌料大倉。這一空前的突破，終於解決水泥廠「漫天灰塵」與「結窯皮」的兩大問題，而當年為了打窯皮而購置的槍枝與砲彈，前者還給了政府，而後者則是提供給同業繼續使用。

一九七五年，花蓮廠正式運轉，高聳的煙囪竟然沒有冒煙，清新的空氣與綠意盎然的環境，讓當地居民不敢置信花蓮廠已經開始生產水泥了，很多外地人路過時也不知道在繁花綠草、蒼鬱林間竟然有座水泥工廠，這對台灣水泥產業來說，具有開創性的指標意義，此後經常有來自海內外的水泥同業前往花蓮廠參觀，儼然成為台灣水泥業的「示範工廠」。

當時正為半屏山水泥廠煙灰瀰漫所苦的前高雄市長王玉雲，參觀完之後有感而發：「花蓮能，為什麼高雄不能？」前環保署長簡又新帶團訪問時，曾隨手拉起一片樹葉檢視，他對葉片上竟然沒有半點灰塵，感到驚嘆不已！

亞泥在業界一直以穩定的品質受各方稱道，事實上，新竹及花蓮的兩個礦場，都是先天不良的體質，全靠後天努力，才能讓「醜小鴨變天鵝」！

一九八〇年，花蓮廠挑戰了一項幾乎不可能的任務。那時，年產一百萬噸的二號窯剛投產，卻面臨全球第二次能源危機，加上十大建設已陸續完工，水泥需求大幅萎縮，即將面臨滯銷停產的命運。當時，美國西部的砂石含有一種礦物質，碰到鹼分太高的水泥會產生崩裂，需要標準很高的超低鹼分水泥十萬噸，日本曾運去一批，結果不符需求，慘遭退貨。張才雄心想，這是個不可錯失的機會，一定要爭取到這筆訂單，否則，一旦水泥窯停產，將造成公司莫大的損失。

團隊於是開始集思廣益。何恆張記得讀書時曾學過：鋁礬土鹼分很低，是屬於漂流性質的紅泥巴，經調查後發現，在高雄的台灣鋁業有這種原料，於是採掘組、製造組、品管組等派員，緊急從花蓮長途跋涉到高雄，取得原料後再加上許多配料組合送進窯裡煅燒，最後終於通過美國公司的嚴格審核，並要求再加購十萬噸！

這件事不但讓花蓮廠度過最難熬的停產危機，更讓很多人嘖嘖稱奇：「石頭那麼不好，你們還能銷到美國去，想要做什麼，就能做什麼！」

「這就是團隊精神的表現，大家只要有目標，共同合作，就一定可以成功。」張才雄展現他的執著。

■台灣第一套直井

為了訓練團隊要有深思熟慮的想法與遠見，花蓮廠建廠期間，有一次張才雄故意考何恆張：「將來廠裡每天需要兩萬噸石灰石，如果用卡車從七百多公尺山上運下來，需要多少部？」何算一算：「至少要八十六部，若以每部車價兩千萬台幣計算，就要花掉十七億多，開山路破壞的面積太大，運送過程的灰塵更不得了，對環境會造成嚴重的衝擊。」

亞泥新竹廠是利用空中纜車的方式，將礦山的石頭，透過索道的載斗，把一噸噸的石灰石，運到近十公里外的平地水泥廠進行後續的製程，但運量有限，如果要大量生產，還是必須要想其他方法。

其實張才雄心中已有盤算：利用直井來運輸。

他在四川煤礦擔任工程師時，礦石就是透過直井、斜井運送，但台灣並沒有相關經驗，張才雄從專業刊物上得悉，日本也是剛開始推廣直井，於是，他請到日本專家來台評估設計，但是對於最主要的礦石碎石機設備，究竟應該放在井口上方或井底，雙方有了歧見。

日本的水泥工廠大部分將碎石機擺在井底，但是根據過去擔任煤礦工程師的經驗，讓張才雄明白地底下有太多不可預測的險況，像地下水、空洞等，都是一大阻礙；同時，碎石機房那麼大，若是擺在坑內，工程很浩大，變數更多。

凡遇到不能掌控的難題，張才雄就要自己去了解、學習，因此，他再度啟程帶隊到瑞士等先進國家考察。

汲取他國經驗，再加上多方審慎評估，他認為花蓮廠礦區的地質比較破碎，所以決定仿效歐洲，選擇比較保險的做法，將碎石機擺放在井口上面，如此可以減少地下工程的風險。也就是將礦石打碎後，透過直井利用輸送帶運輸，與日方的設計不同。雖然日方強調碎石機設備放在井底有一個好處，就是不必移動，但多年後的一件意外，證明張才雄的決策是對的。

若碎石機擺在地下，整個井會因石頭經年累月地不斷撞擊而愈來愈大、甚至垮下來，更可能因石頭太大把坑井堵死，那時就必須從很遠的地方打一條路，靠人工爬到大石頭上面，放炸藥把它炸掉。但是，以後每遇大雨，這條打出來的路就會積水到井裡，台灣就有同業因仿效日方作法，使得本來直徑六公尺的井，撞到後來變成了八十公尺；而日本三菱礦業甚至發生牆壁被撞凹一個大洞，推土機作業時整輛掉下去的傷亡意外，造成礦區關閉了五十天。

直井是由亞泥花蓮廠於一九七九年首度引進台灣的。第一套直井是由日本人協助設計，後來卻發現會有堵料的困擾。因為日方設計直井時，也同時做了人道坑，方便萬一堵井的時候使用，結果因此常發生堵料的問題，甚至有一個禮拜堵三次的紀錄，每次堵井，就要利用氫氣球綁著炸藥，由下而上，空飄到石頭下方炸開，十分危險。

後來花蓮廠準備籌設第二套直井時，就派何恆張去日本考察，結果發現日鐵公司在津久見礦山的直井，也把碎石機放在井下，卻沒有做人道坑，他問對方為什麼不做？「不需要啊！因為做了也沒有人敢下去，太危險了，同時，石頭下來，是呈現一個氣墊狀態，應該不會發生堵井。」對方如此回答。但是，萬一發生堵井怎麼辦？何恆張找遍資料，終於在國外雜誌看到有一種新推出的大口徑爬升機，他想或許可以解決堵井的問題。

張才雄於是找了知名的瑞典公司 Alimak 來評估，對方建議，可以做一個直徑三點二公尺的大口徑爬升機。當時碎石機都是把石頭打成三十公分大小，若與井徑相較，比例達十倍，應該就不會堵井。張才雄大膽決定：不做人道坑了！此舉完全顛覆了日本人的設計，果然，後來也從未發生過堵井情形。

張才雄不斷引進最新設備，延聘國外的專家教導員工最新技術，讓他們從工作中學習，進而研究創新，他認為這是最好的學習機會與養成教育，而不是安裝好機器設備就了事。何恆張很懷念那段大夥挑燈夜戰一起研發的時光，對這樣的學習機會也感念在心：「第二套直井的成功，是我人生最難忘的過程與成就。」

■率先引進廢熱回收

水泥是高耗能產業，燃料約占當時成本的三分之一，花蓮廠建廠期間，曾兩度碰到全球能源危機，因此，從建廠以來，張才雄就不斷研究如何節能，達到更高的環保標準，其中，率先引進並改良創新的「廢熱回收發電系統」，每年約可回收超過一億度電，節省全廠用電量的三分之一，成為水泥業界一大創舉。

一九七三年，花蓮廠還在大興土木，全球便爆發第一次能源危機，以阿戰爭造成油價每桶由四美元飆漲到十六美元，台灣消費者物價指數（CPI）也由當年的百分之八點一七，狂升至一九七四年的百分之四十七點四八，造成一九七五年全球經濟急遽衰退；花蓮廠一九七九年建第二套窯時，又逢中東動亂，油價再度從每桶的十三美元狂飆到三十四美元，而同年我國的CPI也因此從百分之九點七六，大幅上揚至一九八〇年的百分之十九點零一，全球經濟陷入惡性通膨的大蕭條。

花蓮廠原本是以石油做為燃料，為了節省成本，迫不得已在一九七九年斥資將設備全部更換為燃煤系統。但是，油價飆升也帶動煤價高漲，且當時台灣景氣低迷，水泥需求驟減，如何節省燃煤費用降低成本，張才雄絞盡腦汁。

有一天，報紙角落的一則小小新聞引起了張才雄的注意。當時日本為了節省能源，正在發展餘熱發電，他們將水泥煅燒過程中所產生的攝氏三百多度高溫廢氣，透過鍋爐加熱打造低溫發電，回收的電力幾乎可以占生產電量的三分之一。這個消息，大大刺激了張才雄。

低溫發電並不稀奇，它只是運用「熱機學」的原理來發電而已。但是，如何把低溫發電和水泥生產合併在一起同時運作，這就有很多值得研究的地方。

張才雄第一個想到的問題是：如何在廢熱回收發電或水泥生產機器故障時，不要相互影響，更重要的是，絕對不能因為發電系統影響到水泥正常的製程；相對的，若是水泥停窯，也就沒有廢熱可供回收，那發電作業自然就會停止。

其次，在水泥窯加了鍋爐之後，是否還要重新換上更大的預熱機風車？而且窯裡熱氣的含塵量很大，如果灰塵愈積愈多，鍋爐的導熱效果將愈來愈低，就會影響到發電量，那麼要如何不讓灰塵黏附在鍋爐管上面呢？再者，廢熱回收發電的方法有兩種，一種是預熱機，另一種是冷卻機，這兩種廢熱若能夠一起運用，對於發電效果將會更好。

這些設計的細節太多太繁雜了，必須事先考慮清楚，最好能夠去趟日本，實地了解他們是如何利用廢熱回收發電的。但當時日本才剛開始發展廢熱回收發電，不太願意讓外人一探究竟。張才雄好不容易透過關係，聯絡上正在研究廢熱發電的Nihon Cement，但他們卻推說：「歡迎來參觀其他方面的技術，唯獨廢熱回收發電還在研究階段，最好等發展成熟以後再看吧！」

Nihon Cement讓張才雄碰了一個軟釘子，但他不放棄，轉而去找提供廢熱回收發電設備的鍋爐製造商，並且拋出一個很大的誘因：「誰能夠安排去Nihon Cement參觀廢熱回收發電系統，將來花蓮廠裝設同樣的設備，就優先選擇他們的鍋爐來議價。」

那時廢熱回收發電技術才剛開始發展，商機無窮，很多設備廠商都想分食這塊大餅。果然沒多久，日本最有名的鍋爐製造商NKK就和亞泥接上了線。他們與Nihon Cement有很好的關係，就這樣，張才雄一行人終於如願以償地赴日考察Nihon Cement廢熱回收發電系統。

參觀Nihon Cement那天，張才雄只帶了一位工程師陪同，對方卻派了十八個人嚴陣接待，沿途似乎在暗中監視他們看了哪些東西。事實上，低溫發電的基本道理只要按照書本的理論，也可以做得出來，張才雄要看的，是廢熱回收與水泥生產之間的關係。

很幸運的，張才雄遇到了生產線的主管，對方非常友善，也會講點洋涇濱英文，跟他的「菜」英文剛好很合拍，兩人相談甚歡，張才雄得到了很多寶貴的資訊，尤其是對方將錯誤經驗說明得很清楚，讓張才雄受益良多。後來花蓮廠裝設廢熱回收發電系統時，就請這位日本主管來做顧問，對亞泥有很大的幫助。

張才雄參觀 Nihon Cement 的另一大發現是，水泥製程產生的灰塵，跟熱氣一起通過鍋爐時，為了避免堆積在鍋爐管壁上影響熱傳導效能，因此鍋爐必須設計為懸吊式，並且加裝敲打系統，利用擊錘敲打鍋爐管，使整個鍋爐管震動，將灰塵震落，不會殘留在鍋爐管壁影響到熱的傳導。

這套敲打系統，必須要有敲不壞的能耐，敲一次不壞，敲千萬次也不壞才行。當時張才雄看到 NKK 廠前總是擺著一個大鍋爐，上頭還有個設備不斷地敲打，覺得很納悶，後來才恍然大悟，原來那是為了宣傳他們用來廢熱回收發電的鍋爐，絕對經得起「千錘百鍊」。

至於水泥生產和廢熱回收發電之間，如何能夠不相互影響，日本並沒有配套設備。所以，一旦廢熱回收發電產生故障，就非得停窯修理不可，影響很大。

張才雄發揮他工業人的頭腦，想出了解決的辦法：在水泥生產設備和發電設備之間加裝一個擋板，也就是閘門。當正常運作時，可以同步進行，假使發電設備故障，就把這個閘門關掉，讓熱氣進不了鍋爐，直接往生產線方向走，如此一來，即可避免停窯的損失。

那麼要不要換更大的預熱機風車呢？日本水泥廠是有換的，但張才雄仔細分析，如果加了廢熱回收發電系統之後，會讓通過風車的空氣溫度降低、密度增加，使風車單位時間輸出的風量增加，於是他決定：不用換風車！結果，證明他的決定是對的，同時還因為風量增加，讓產量提升百分之十左右，生產效率更好，兩年內即可回收成本。

一環扣一環的配套設計，不僅一舉將日本廢熱回收發電系統的缺點加以改革，更是花蓮廠的一大創新。

一九八六年，花蓮廠完成了台灣水泥業第一套廢熱回收發電系統。一開始運作使用效率就很高，可以回收超過百分之三十的全廠用電量，不僅大幅降低成本，也減少了百分之三十的碳排放量，相對的熱耗能也大幅降低，從每公斤熟料所需的一千四百仟卡降到約八百仟卡，並榮獲經濟部頒發「節約能源績優廠商」等獎項，是除了台積電外，三度榮獲行政院環保署頒發企業環保獎的水泥業者，也成為業界的標竿。

張才雄的前瞻遠見，讓水泥業在環保節能上有了很大的突破，他也很樂於推廣廢熱回收發電的新技術。當時，政府正在倡導氣電共生，並成立了協會，花蓮廠經常應邀分享成功經驗，但是同業卻半信半疑，直到五年後，才因經濟部的要求，開始裝置廢熱回收發電系統。

■兩岸唯一自製自動化系統 AsiaTech

廢熱回收發電系統在生產技術上的另一大創新是，建立了亞泥的「自動化控制系統」，日後在大陸所建的每一套窯，也都是採用這套系統，這也是兩岸水泥業唯一自行開發設計的自動化控制系統。

早在花蓮廠建廠之初，張才雄就準備建立自己的自動化系統，主要的考量是，自動化機械都是從國外進口的，價格昂貴且汰舊率高，若某一款設備已停產，一旦維修就必須花很多錢去找已經不再生產的零件，風險很大。所以他認為，機械可以從德國、日本進口，但是自動化系統必須自己設計。然而，在當年工業技術落後的台灣，這方面的人才不但很少，甚至很多產業還沒有這樣的觀念。

為了培育亞泥的自動化人才，張才雄用心良苦，目前擔任亞泥總廠長的張志鵬，就是他當初有心栽培的自動化專家。

一九七四年，張志鵬自台大電機系畢業考進亞泥，他原本只想來看看，但張才雄覺得他是個人才，對他很有興趣，不但為他分析機電在製程複雜的水泥業如何運用開發，也說明公司未來將全力發展自動化作業系統的規畫，種種遠景深深吸引了張志鵬。

張志鵬也不負所望，全心投入這方面的研究，從小規模的自動化開始自己設計，並首次運用在水泥專用船「亞泥三號」上；而廢熱回收發電自動化系統，則是第一次運用在水泥生產線上，並且與日本的原始設計差別很大，算是相當大膽的嘗試。

一般國外設備廠商都會連同自動化控制系統同時銷售，花蓮廠當年雖然引進了日本NKK的廢熱回收發電設備，自動化控制的部分卻想自己做，日方專家聽了嚇一大跳：「你們根本就沒有經驗，怎麼可能自己做？」為了讓亞泥打消這個念頭，日方還主動將自動化控制系統的價格降了一半，如此一來，相較之下，亞泥自製的成本，就會高出許多，儘管如此，張才雄還是決定「自己做」！

這時發生了一件插曲，可以看出張才雄惜才、用才的心。

在遴選自動控制面板廠商時，張志鵬與創辦人女婿、時任聯合採購處副總的楊明德，有了不同的意見。原來，公開招標的結果是由一家小廠獲得，但楊明德建議，應該選擇某知名大廠比較可靠。

張志鵬的顧慮是，自動控制面板的零件很多又貴，且廢熱回收自動化系統，並不是全部源自日本原廠設計，而是有很多改良創新，他沒有把握一次就做好，可能需要很多次修改；那家得標的小廠商，與亞泥合作多年，口碑不錯，配合度又高，如果選用大廠，恐怕會因一再修改而增加很多額外費用。張志鵬甚至不惜為此，寫下辭呈，展現維護專業的決心。

張才雄和楊明德共事多年，知道他是個正人君子，中、英、德、日文都流利，對公司的採購運作貢獻很大，但自動化系統是工程上的專業，於是他親自向楊明德解釋：「建立自動化系統對亞泥很重要，當初用張志鵬，就是要他往這方面發展，大廠有大廠的堅持，較難配合，而那家小廠信用也很好，要怎麼改也不會任意加價……」楊明德一聽，二話不說就同意了！後來創辦人知道此事，只講了一句話：「張副總說了算！」

在張、楊兩位副總的大力支持下，廢熱回收發電的自動化系統從此進行得很順利，雖然NKK不得不讓花蓮廠自己來，但是他們非常熱心，也很怕花蓮廠會失敗，就要求所有設計圖都一定要給他們看。有時日方會很納悶地問：「奇怪，你們怎麼這樣設計？」張志鵬則坦白回答：「你們的設計是以達到功能為主，但我們的重點是要考慮日後的維護，一旦故障，要很容易知道問題所在。」這種從使用者角度出發的概念，日方不但欣然接受，日後也借鏡沿用。

「很多創新設計，不能只考量初期投資成本，而是要看長遠的維護費用。只要是對的，就一定往那方向走，當然，這可能換來好的掌聲，也有壞的批評，但只要結果是好的，就應該堅持，一肩擔起責任；若是不對，也要承擔改進，這是工業人的基本態度。」張才雄強調：「這些都需要老闆支持，不然，也專業不起來！」

創辦人及徐董事長的信任，是張才雄前進的動力，也讓他的團隊工程專業得以發揮。做為領導人，他全力培養同仁學習管理方面的技巧，期待他日擔任計畫主持人時，能夠召集一支有力的隊伍，分工合作，彼此信任，靠團隊的力量一起完成任務。張志鵬也因為張才雄的知人善任，找到了發揮的舞台，在亞泥一待就是四十多年，當初為了採購案而寫的辭職信，也隨著往事塵封在記憶裡了。

一九九二年，花蓮廠三號窯的全套自動化控制系統終於完成，張才雄為它取了一個響亮的名字：「AsiaTech」。

■長窯變短窯

花蓮廠在水泥生產技術上的最大改革，當屬一九九〇年籌建第三套窯時，將長窯改為短窯的創舉，它不僅是台灣水泥業的第一套短窯，更是全球第一套日產五千噸、年產一百六十萬噸熟料的短窯。直至目前，台灣的水泥同業仍僅有亞泥花蓮廠三號窯是使用短窯，而亞泥（中國）在大陸所建的十二套窯則都是短窯。

一九九〇年，張才雄首次聽聞德國發明了短窯，便迫不及待地飛到現場去了解。

長窯變短窯不是只有將窯縮短那麼簡單，還有很多奧妙與不同的專業：長窯有六個支承滾輪，要維持受力平均有一定難度，短窯就沒有這個問題，由於窯的長度減少了，所以支撐旋窯的窯基不用那麼多，可由原本的三組改成兩組，如此一來，支承的滾輪也可由六個改為四個，就力學上來講，六個點叫「靜不定系統」，四個點叫「靜定系統」。

短窯的支承滾輪有四個點，在運轉上，受力平均，不易損壞，使用壽命長，而且使用鋼料、耐火材料少，安裝容易，節省施工時間，降低投資成本，旋窯長度減短後，能有效減少窯體的「散熱損失」，驅動功率亦大幅降低。此外，短窯筒體不易變形，機械故障少，運轉率提高，維護費用自然減少。

再從配料角度來看，在相同的方案、通風條件和煅燒情況下，短窯製程的熟料品質也優於長窯。但是，短窯的入窯生料成分必須均勻，配料要穩定，操作人員技術要夠好，水泥才能燒得好。

當時德國 KHD 公司只有一套短窯，並且還在試驗階段，日產大約兩千噸左右熟料，但是，張才雄希望蓋一套日產五千噸熟料的短窯，生產效益才能大大提升。他跟發明人 Dr. Woltel 詳談後，邀請他到台灣來，召集了花蓮廠所有技術人員一起研討，最後他問大家：「有沒有意見，能做嗎？」所有員工都異口同聲：「我們可以做！」就是這樣的團隊精神與決心，讓花蓮廠三號窯成為世界上第一個日產五千噸，年產一百六十萬噸的短窯。

水泥製程有預熱、煅燒、燒成等階段，短窯的預熱機熱效率高，生料進窯前的脫酸率已可超過百分之九十，進窯後完成最後燒成所需的時間較短，因此窯的長度可以縮短；而老式的長窯，其預熱機脫酸率只有百分之七十，另外百分之三十的工作要在窯裡完成，才能燒出合乎標準的熟料。兩者的差別在於：如果進窯前能夠達到較高的脫酸率，就能縮短生料在窯裡燒成的時間，不但燒出來的熟料品質會更好，耗熱量也會降低，投資成本也就相對減少。

但是，當一九九二年花蓮廠三號窯投產後，問題就來了！那時候全球還沒有日產五千噸的短窯，Dr. Woltel 又離開了 KHD，後面派來的試車工程師也不是發明人，一測試就發現天天堵料，進一步探究才知道，窯口的溫度居然高達一千多度，生料變成燒熔狀態，所以會堵料。晚上清好，隔天早上重開，到下午又堵，大家嘗試過很多方法都無法解決，必須經常通料，若通料的時候整個生料沖下來，就會像土石流一樣，跑都跑不掉，事實上還真的因此發生過工安意外，真是苦不堪言。

那時，張才雄已經升任總經理，幾乎每天深夜十一點半都會打電話給廠長張英豐，問他情況怎麼樣？張英豐的回答總是：「堵！堵！堵！前面堵，後面也堵！」聽到這話，張才雄的心也被堵得焦急難受，夜裡得靠鎮定劑才能入眠，每個星期天還從台北總公司趕到花蓮去，那三個多月，是他水泥生涯最煎熬的時刻，甚至有了「不成功便辭職」的打算。而站在第一線的張英豐面對堵不完的噩夢，感受更深：「等這個問題解決了，我就不幹了，太痛苦了！」

「我不相信會失敗！」

張才雄做事一向是在穩定中求創新，雖然不斷引進新設備新技術，但總是等試用成功之後才做決策，唯獨這次的短窯例外，實在是因為效益太大了。而且，與 KHD 合作多年成果良好，張才雄也跟發明人 Dr. Woltel 深談過，始終感覺這個人很了不起。

Dr. Woltel 到新公司 CPAG 之後，知道花蓮廠遇到狀況，也表示願意來台協助，但 CPAG 要求 KHD 付一大筆錢才願意借人，結果雙方就因價錢談不攏，僵在那裡。但堵料問題不能等啊，張才雄只好做最後一搏：「萬一行不通，我就到德國去把這個人找來，不管如何，一定要成功！」

就在大家兵疲馬困、瀕臨絕望之際，決定重新檢視 Dr. Woltel 的原始設計，最後終於發現，有個降溫設備沒裝上去。張才雄相信 Dr. Woltel 早已經考慮到進窯前一千多度的高溫會將生料熔掉，所以才要用這個設備導入新鮮空氣，使生料溫度降到九百度，只是後來 KHD 派來的試車工程師搞不清楚狀況，認為不需要而省略了這一步驟，才會造成堵料。如今找到了問題癥結，大夥同心協力，把降溫設備裝上去，果然，困擾多時的問題，馬上就解決了。

如果只考慮旋窯部分，短窯比長窯可以省下百分之三十的成本，生產量與品質也是最好的，所以花蓮廠只要三號窯歲修，熟料的成本就會提高。舉例來說，如果一號窯是每噸一千元，二號窯要每噸九百元，三號窯就只要每噸七百元，而三號窯的產量幾乎是一號窯的兩倍，因此花蓮廠三號短窯的成功，很快揚名全球水泥界，往後 KHD 要向客戶推銷短窯，都會帶他們來花蓮廠參觀。

「花蓮廠短窯的成功，是團隊共同努力，堅持到底的精神表現。」那段時間大夥不斷嘗試錯誤、身心俱疲，免不了也有人跟創辦人反映：「短窯不行、別人都不敢用、是錯誤的決定」等等的話。面對這些批評，張才雄選擇埋頭苦幹，並沒有多做解釋，創辦人也從沒過問，這樣全然的信任、支持與氣度，讓張才雄終生感激。

水泥業投資龐大，回收期又很漫長，張才雄總希望用最好、最新的設備，至少能使用五十年！花蓮廠三號窯的籌建與各種創新技術，或許是很大的風險，但他認為：「只要能讓台灣水泥業朝向更有效益的趨勢發展，就應該勇於向世界一流的水準邁進，或許當時會承受很多壓力、艱苦與責難，但只要能夠突破，那便是工業人一輩子的成就！」

第六章
創意管理

「講究效率，勇於擔當」是張才雄的領導作風。遇到問題的時候，每一個「當下」就是最好的溝通時機；而他對環保理念的前瞻與遠見，更是走在許多人的前頭，早在二十五年前，他就倡議台灣水泥產業必須邁向「循環經濟」，但這樣的理想與雄心，最終卻礙於現實、無法在當下實現！

■工業人的圓桌會議

沒有企業人的背景，並不影響張才雄管理工廠的效率與成績，他以「工業人」的方法建構出一套獨特的管理模式，同樣贏得了員工的信服。

多年來，張才雄的辦公室一定會有張很大的會議桌，方便召集大家一起開會討論。當面臨重要決策，或各生產部門有不同意見時，他會召集大家舉行「圓桌會議」，當下做決定，當下解決問題。「一般企業人的管理方式就是要求寫報告，但這樣常流於表面，未能反映真實。召集大家一起討論，各自發表意見，彼此了解困難點，比等你寫報告、主管簽呈、公文往返要更有效率。」傳統僵化、被動的管理模式，不是張才雄的作風。

「每當我們爭執一些問題的時候，他總是專注聆聽，不插話、不做評論，最後他會根據他的判斷，做出最好的結論，讓大家都心服口服。」現任總廠長張志鵬說：「這是個很好的溝通方法，卻很難做到！第一個要有耐心，第二個要對所有參與的人與事都十分清楚，否則怎麼做決定？這需要相當的經驗跟準備。他永遠都準備得很充分，一般人不會有這個耐心，願意花時間去蒐集資料，當然，也要有足夠的能力讓人信服，這是他了不起的地方。」

張才雄一直覺得，水泥產業要做得好，團隊的力量是核心價值，不同專業技術的人才，都要誠心誠意地合作。當下提出問題，討論解決之道，是最好的溝通，也是最有效率的方式。只要是對的事，向他闡述，他都會耐心傾聽，設法解決，即便可能得罪人，張才雄也不在意。他考慮周密、思維敏捷，總是會先從對方能夠接受的觀點切入，因此很少會有爭執，很多人都非常佩服他，讚譽他是「最懂得溝通的工業人」。

其實在團隊討論的過程中，張才雄的頭腦是沒有停頓的，他不發一語、不做評論，仔細傾聽每一個人想法的同時，千思百慮已在他腦海中愈轉愈清明，他會在極短時間內抽絲剝繭，冷靜分析，最後加入自己的經驗，一針見血地做出重要的決斷。「兩位老闆的信任，讓我敢做決策，卻也加重我的責任，總會思考很多，怕決斷錯誤、怕失敗。」雖然是領導人，也不可能懂得水泥的所有問題，有時候，一份報告上來，他也是戰戰兢兢，花很多時間深謀遠慮，並不時向同仁們請教、學習。

對張才雄而言，團隊精神是一個事業成敗的關鍵，而人才的育成，更需要用心培養。每次引進新設備與技術時，他都要求合作廠商派專家來教育所有團隊，同時安排他們出國進修，並鼓勵不斷研究創新。「對工業人來說，最重要的就是發揮專長，讓他們覺得是在為自己的成就感做事！」艱辛走過來時路，張才雄努力為後輩提供一個可以大放異彩的寬廣舞台。

■管理制度的建立

在草創時期，花蓮廠並沒有具體的管理章程，張才雄與主管腦力激盪，從零開始，創建出一套自己的管理制度，後來還一直沿用到亞泥（中國）大陸的各廠，這故事要從一九七五年說起。

花蓮廠一號窯投產之後，工礦檢查委員會曾前來檢查：「你們有沒有管理規則？」當時負責行政的副廠長彭學仁很緊張，趕快向廠長張才雄報告：「我們好像沒有，也一直找不到相關的管理規則哦……」沒有得到滿意的答案，工檢會很生氣，撂下一句：「過段時間，我會再來檢查，再沒有規則就停工。」

這下可不得了，張才雄想了想，就跟彭學仁說：「我們自己弄。」「我們自己怎麼弄啊？」彭學仁很疑惑地看著上司。「我來找一些資料，你來寫。」張才雄語氣肯定地回答他。彭學仁是台大機械系畢業的，和張才雄一樣根本沒學過企業管理，但上司都這麼說了，他也豁出去了！於是兩個工業科系出身的人，就這樣花了幾個月的時間，不眠不休地弄了一套管理規則出來，報到省政府。

「省政府一批下來，我頭都暈了，這裡不合格，那裡也不合格，舉個例子，請病假可以扣薪水，請事假也可以扣薪水，那為什麼曠職不能扣薪水？不合理嘛！」彭學仁跑去申訴，又花了一番功夫和張才雄逐條仔細討論，重新弄一遍，再次呈報上去。

當批文下來的時候，彭學仁一顆心緊張地砰砰跳，他打開一看，就兩個字：「照准！」當下那既得意又興奮的心情，到現在都難以用筆墨形容：「我是學工程的，機械維修難不倒我，但能寫出一套管理規則，讓我好有成就感。」

後來，這一套管理規則上報給總公司後，公司馬上分派給各廠執行。雖然當初著實花了不少的時間與心力，彭學仁如今回想起來，仍覺得十分值得。

就這麼誤打誤撞，讓張才雄發現了彭學仁的管理長才。後來江西亞東建廠，他便將行政副總的重責大任交給彭學仁。面對全新的挑戰，彭學仁胸有成竹，裝機器、操作、畫圖、修理等等，都有花蓮廠的成功經驗，直接移植過去馬上就可以用了，「可是在管理生活方面，大陸和台灣不一樣，光是飯廳一餐就有六百個人吃飯，根本不知道要怎麼搞？」彭學仁這下又一個頭兩個大。

舉個有趣的例子：員工廚房原本是用瓦斯爐炒菜，爐火太小了，要換大的，兩個人抬不動，竟出動堆高機來抬；到了冬天天冷，瓦斯氣出不來，還得有人拿著開水去把桶身澆熱。彭學仁心想：怎麼會這麼麻煩？他就組了一個三、四人小組，請他們到九江的大飯館去參觀，看看人家炒菜是用什麼火？「結果發現，人家都是用柴油，火大火小都很方便啊！幹嘛要一桶一桶地叫瓦斯那麼麻煩！」

敦親睦鄰

花蓮早期僅有「中華紙漿」一家較具規模的民營企業，就業機會不多，亞泥花蓮廠建廠以後，由於待遇及福利都比中華紙漿好，遂成為許多當地人找工作的首選。從建廠以來，亞泥對於花蓮廠員工的選用原則，一直是以當地人為主，在編制內的員工中，超過百分之九十八是花蓮人；為了照顧弱勢族群，員工中更有超過百分之二十五是原住民，比政府規定的百分之十高出一倍，在協力廠商部分，原住民所占的比例更高達百分之五十以上。

除了照顧原住民，花蓮廠完工投產，對在地的經濟發展也頗具貢獻。當時正逢政府推動十大建設，西部水泥供應嚴重不足，卡車為了等著載水泥西運，常常從花蓮廠門口排到太魯閣公園前，數百輛卡車經常要排兩三天才能領到水泥，人潮、車陣來來往往，熱鬧不已，也招來了商機，為當時鮮有經濟活動的後山花蓮，帶來豐厚的稅收。

為了回饋在地，張才雄常常要想些敦親睦鄰的做法。有一次，他去美國肯德基州探望二女兒，意外發現當地日本 LEXUS 汽車廠，正在舉辦園遊會，廣發招待券給居民，那種和樂的氛圍，不但可以讓工廠和居民建立良好互動，也能獲得不錯的回響，張才雄腦筋轉得快，他覺得這個點子很棒，花蓮廠也可以嘗試。

因此，從張才雄任內開始，花蓮廠的歷任負責人都十分努力地帶領員工，與地方建立敦睦的情誼，並舉辦許多聯誼活動回饋鄉親。前亞泥首席執行副總經理張英豐回憶：「除了邀請小朋友來廠裡參加繪畫比賽，我們也辦過不少園遊會，員工分成十二組，每一組設一個攤位，然後邀請附近的村里民到廠裡，發給他們點券，到攤位去享用美食，有時還會額外贈送一些日常用品、小禮物，或是準備一些表演節目。」

也許是敦親睦鄰做得太成功，花蓮廠甚至還扮起月老來。當時，亞泥人的工作最穩定、薪資也最好，是花蓮女孩們擇偶的優先考慮人選，附近的花蓮中學、花蓮高工等前前後後有十幾位老師，都嫁給了花蓮廠同仁，時任廠長的張英豐還曾跟當時的縣長開玩笑：「亞泥花蓮廠可以辦一所學校了，如果請我們那些老師眷屬們集合起來，從初中、高中、高工職校，到英文、國文、數學老師應有盡有，就連教官都有了……」

「後來還有一些醫院找我們辦相親派對，由社工人員負責規畫執行，因而亞泥眷屬又多了一些護士們。還有就是一些熟識的人，譬如鄉長就曾問我：『某某人的女兒要找尪（丈夫），你這邊有沒有推薦的人選？』」

「除了相親，有一段時間我還常跑去證婚，大概有二、三十對吧！」張英豐回憶第一次證婚時，一開口卻不知道怎麼收尾，就這麼一講講了二十分鐘。後來有朋友很委婉地提醒他：「廠長啊！你證婚不能這樣講大道理啊！」從此之後，他只講五分鐘就搞定。

亞泥自從在花蓮建廠，就一直希望變成一個真正在地化的企業，而不是一個外來的企業。多年來，大夥不斷地努力和地方人士搏感情，所有的付出漸漸獲得肯定，亞泥人和花蓮鄉親的情誼，也就這麼一點一滴地建立起來。

唯一的遺憾

文明過度發展，產生了許多有毒廢棄物，但一般的焚化爐燃燒溫度只有攝氏八百度，無法完全分解；而很多人不知道，水泥窯煅燒過程所產生的一千四百多度高溫，卻可以完全解決這些「環保」問題。

水泥業處理廢棄物的方式有三種：原料用途、燃料用途及重金屬固化用途，例如發電廠及鋼鐵廠產生的煤灰、爐石、礦渣等，都可以作為水泥的副料；替代燃料則包括化學廢棄物、電子業的廢溶劑、石油化學廢棄物、瀝青稀漿、廢塗料、鉛酸電池外殼、汙泥及廢輪胎等。

台灣每年發電廠及鋼鐵廠產生的廢棄物超過一千萬噸；而廢水處理過程產生的汙泥固態廢棄物，也多達一百萬噸，過去都是以掩埋方式處理，但隨著掩埋場日益飽和，大量的汙泥、廢棄物、廢輪胎已無處棲身，無論丟棄或掩埋，對我們的環境或健康都是不可承受之重。

在德國、英國等先進國家，早已將水泥業視為環保的「夥伴」，甚至已成為全球發展「循環經濟」的要角。其實早在一九九一年，亞泥在花蓮廠投資設備時，就準備配合當時環保署長簡又新的「廢輪胎回收」政策，為國人解決戴奧辛等毒素汙染問題，最後卻因地方居民及所謂的環保人士反對而作罷，成為張才雄心中隱隱的遺憾。

九〇年代，台灣發生嚴重的登革熱疫情，有專家學者指出，可能跟廢輪胎長期露天堆置，孳生病媒蚊有關。因此，當時擔任環保署長的簡又新，向亞泥花蓮廠提出，是否可以透過水泥窯煅燒產生的高溫，來解決焚化爐焚燒廢輪胎所不能處理的戴奧辛殘留的問題？

當時，德國、英國及鄰近的日本水泥業，無不竭力研發各種利用廢棄物做為原料與副料的技術，而終身致力「水泥環保希望工程」的張才雄，自是極力贊同與配合，並且與環保署達成了協議，斥資從國外買了最先進的設備，準備安裝在花蓮廠，由環保署負責廢輪胎的收集與切碎等前置工作，後續的倉儲處理設施也準備就緒。

不料，這美意卻遭到環保人士及部分花蓮居民的強烈反對，代表民意的議會，也展開抨擊，民粹的力量迫使政府召開公聽會，希望與居民做理性的溝通。在公聽會舉辦當天，環保署特別安排了毒物組的組長做相關簡報，結果，情緒激動的民眾阻撓程序進行，一片混亂中，毒物組的組長始終無法上台……。

同樣都是為了環保，雙方的觀念卻有著如此巨大的歧異與落差，這麼一來，整個計畫就胎死腹中，環保署及亞泥花蓮廠所做的努力也都前功盡棄。那一刻，張才雄感到前所未有的沮喪，直到如今，他仍認為此事是他半世紀水泥生涯中最大的挫敗。

值得欣慰的是，自二〇〇〇年亞泥開始在中國大陸建廠後，卻意外帶起了當地水泥「循環經濟」的風氣，每一個廠都使用各種廢棄物做為原料或副料，生產很多種性質與功能不同的水泥，甚至有的水泥廠或研磨廠就直接設在鋼鐵廠或發電廠旁邊，大量利用礦渣、煤灰或脫硫石膏等，來增加水泥後期的強度或作為緩凝劑之用，亞泥將「垃圾變黃金」的作法，帶動有些地方的礦渣價格暴漲十倍。且大陸針對水泥業處理廢棄物，自有一套措施與獎勵辦法，當水泥廠消耗廢棄物達到一定標準時，還有減稅的優惠，最高可以退回百分之十七增值稅，這是相當大的誘因。

亞泥從台灣到中國大陸的每一個廠，都做到「垃圾不外流，自行處理」

的原則，然而台灣對水泥業在「循環經濟」的定位，還是落後他國，使得很多人都誤解水泥是高汙染的產業，卻不知其在世界環保發展的里程中，早已扮演著極為重要的角色。

第三篇

友善環境．循環經濟先驅

第七章

開始造船了

亞泥在花蓮設廠第一個遇到的難題，就是如何「東泥西運」？生產線在東部，但市場卻在西部，高聳的中央山脈阻隔兩地交通，北迴鐵路也尚未興建，水泥卡車終日在叢山峻嶺中來回穿梭，十分艱險，張才雄一直苦思對策。有次，當他看到花蓮的機帆船時，彷彿一道曙光乍現：水運！可以用水運！於是，在克服各種艱難與阻撓後，張才雄終於打造出台灣第一艘水泥專用的散裝船「亞泥一號」，也開闢了台灣水運史上第一條「藍色公路」。

水運計畫萌芽

花蓮廠籌建時，政府雖然有興建北迴鐵路的計畫，但尚未動工，張才雄未雨綢繆，為了將來的水泥運送問題，特別先去拜會了北迴鐵路興建工程處。這一次的拜訪，也間接加快了台鐵在東部興建鐵路的動力。

有趣的是，北迴鐵路和花蓮廠幾乎是同時期動工的。當時，台鐵新城站工地的工程師，和花蓮廠的建廠工程師都是剛出社會的小夥子，年輕氣盛的兩邊人馬不時相互較勁，看誰的工程進度比較快，也產生了良性競爭。當花蓮廠一號窯開始生產時，從新城站到花蓮港的鐵路也鳴笛啟程，不過，花蓮到蘇澳間的路線則還未開通。

當時一號窯生產出來的水泥主要是依靠卡車，經由蘇花公路或中部橫貫公路翻山越嶺、長途跋涉才能運送給客戶，即使遇到山崩、落石，只要不封路，就得冒險出入險境。另外有部分水泥是經由「花蓮輪」運送至北部，花蓮輪是當時例行往返花蓮與基隆的遊覽觀光客船，船艙下面可同時載運十多部二十五噸的卡車，上午從花蓮出發開往基隆，下午則從基隆返航花蓮。後來，當二號窯於一九八〇年投產時，北迴鐵路也全線通車了，但每天最多僅能提供一千五百噸水泥的運輸量，遠不敷花蓮廠日產五千多噸水泥的運送需求。

陸運的速度遠遠趕不上水泥生產的腳步，張才雄得想其他的辦法。當他看到花蓮、台東地區特有的海上運輸工具——機帆船時，腦中激盪出了新的想法：世界上海島型國家都善用水運創造經濟效益，台灣是一個島國，花蓮廠又位於偏遠的東部，要如何把水泥從東部運到西部，甚至是環島的幾個港口，是最大的課題，如果水泥能透過海運，不僅載運量大，還能夠節省很多運輸成本，又可以避免因卡車頻繁運輸汙染空氣而形成的高排碳量，好處太多了。

然而，「水運」兩個字講起來很容易，執行起來卻是窒礙難行，首先要有「港」，但時處戒嚴時期，國防是政府優先的考量，因此各港口的航運管制非常嚴格，碼頭取得不易；第二要有「船」，它不能是普通的船，而是要裝卸效率高且無汙染的水泥專用散裝船；第三要有「庫」，每個港口碼頭邊都要備有儲存水泥專用的圓庫，船一到就必須在最短的時間內裝卸完成。此外，還要有將水泥從廠裡運到港口圓庫的鐵軌，以及專用車廂等齊全的自動化設備。

如此巨大的工程與投資，張才雄打了打算盤，大約要花十五億台幣，但當時中東戰亂引爆第二次能源危機，全球經濟蕭條，景氣如冰，對亞泥來說，十五億實在是沉重的負擔。但是，花蓮廠二號窯眼看就快完成，一旦投產後，馬上就會面臨水泥送不出去的問題，「環島海運」迫在眉睫。張才雄是思維縝密、謀定而後動的人，他心想：水泥廠既然已設在東部，將來勢必還會建很多的窯，生產更多的水泥，要如何將東部的水泥西運到全省每一個地方，這需要全盤的考量與宏觀的規畫。

仔細研究評估之後，張才雄決定向創辦人做一次詳盡的分析與報告，希望得到最大的支持。他提出了三個發展水運的利基點：第一，台灣航運業尚未開發，因此沒有航道壅塞之虞，這是一個優勢；第二，船隻的裝載量，是卡車的兩百倍以上，可以完全解決陸路載運量不足的問題；第三，一旦開辦了航運，有了自己的碼頭，便能為未來拓展外銷市場做準備。創辦人聽了他的報告，也當場問了他很多細節問題，尤其是在爭取碼頭的部分，待張才雄一一說明後，創辦人有了全盤的了解，他二話不說：「好！我同意，該怎麼做，就全力去做，需要我幫忙的話，就提出來。」

十五億台幣的投資大案，就這麼拍板定案！創辦人這種經營事業的魄力與對屬下的全然信任，讓張才雄一輩子銘感在心：「做為一個工程師，最大的願望就是，自己的設計能夠獲得老闆的認同、理想得以實現，創辦人這麼相信我，我的責任更重了！」

■碼頭在哪裡？

戒嚴時期，全台的所有港口都很搶手，一般民營公司想要爭取一個碼頭都難上加難，何況還要有專用的水泥庫、卸船機等自動化作業系統！亞泥在申請水泥專用碼頭的過程並不順遂，尤其是在高雄港。因為不敷使用，高雄港開始興建第二港口，負責擴建工程的人，剛好是張才雄在花蓮港務局的長官龔乾一。他滿心期待地跑去找這位老上司：「高雄港有幾十個碼頭，可以給亞泥一個嗎？」「你晚來一步囉，碼頭都已經被申請光了，但有一個舊的十四號碼頭，以前是專門送補給到金門的，現在已經沒有使用了，或許你可以去試試，其他的碼頭就完全不可能了。」龔乾一回答。

這最後僅存的機會即使渺茫，張才雄也要放手一搏。透過老長官介紹，他又去拜訪當時的高雄港務局長，動之以情：「世界沒有一個島國不用海運，雖然十四號碼頭是軍用的碼頭，但現在已經不打仗了，能否提供給民營企業使用，來幫助正在發展中的台灣經濟呢？」張才雄的誠懇感動了局長，但局長表示他也不能做主，還是要向中央及海軍總司令報告。

光找個碼頭就歷經波折處處碰壁，張才雄每天都在和時間賽跑。好不容易，透過創辦人的幫忙，直接找到大直海軍總部溝通，張才雄這回準備得更充分。他從政府需要全力扶植民營企業發展，以及國家建設亟需水泥基礎原料等觀點出發，向軍方做了非常詳細的報告，但海軍總司令還是不敢做主：「你等我三天，如果沒問題，我會寫一封信給你，你直接拿信找高雄港務局長就可以了。」司令的這番話給了張才雄最後一絲希望。

等待的心情令人煎熬，三天後，他真的拿到信了！

原來，是時任行政院長兼國防部長的蔣故總統經國先生批准了亞泥的申請。當時經國先生正積極推動十大建設，他曾在沒有事先安排的情況下前去參觀正在興建中的花蓮廠，對亞泥先進的技術與製程留下深刻的印象。是不是因為這個緣故，讓亞泥解除了沒有碼頭可用的窘境？沒有人知曉。

自己造船吧！

碼頭找到了，但水泥專用散裝船的問題也跟著來了。一般貨輪都會有排水設備，但水泥船不一樣，是完全不能進水的，光是這個限制，就有太多專業技術需要克服。況且，台灣當時根本沒有一艘水泥專用的散裝船，想要參考都無從著手。張才雄翻遍了各種專業雜誌與書籍，結果發現，遠在瑞典的MALMO港，有全球第一艘自動化的六千噸水泥專用散裝船。刻不容緩，他馬上飛到瑞典去。原來，那艘水泥專用散裝船是由德國漢堡一家名叫SITAS

的公司所製造的。

張才雄透過與亞泥有生意往來的德國水泥供應商安排，聯絡上了SITAS公司的負責人見面。她是一位很幹練的女老闆，親自帶著張才雄去MALMO港看了實際的水泥專用散裝船，果然非常乾淨又漂亮，張才雄很心動，但女老闆竟獅子大開口，要價一千四百多萬美元！張才雄一聽，心當場涼了半截！以當時三十八元台幣兌一美元的匯率來算，相當於要五億多台幣，這一艘船的費用，就占了環島海運總預算的三分之一，那怎麼行呢？幾經談判，女老闆的態度還是很強硬，降價幅度有限，最後，亞泥買船的計畫只好作罷。

A計畫失敗，張才雄並不灰心，回到台灣後，他繼續和創辦人商討B計畫，與其求人，不如自己來吧！他們做了一個重大的決定：造一艘屬於自己的水泥專用散裝船！

也是時機巧合，當時政府推動十大建設，成立了中國造船公司。亞泥基於愛國心與實際的需求，就向中船訂購一艘六千一百噸的水泥專用散裝船。

張才雄曾在港務局待過十五年，最後的工作是船機科科長，對於船務還算相當熟悉，但是，中船卻沒有建造水泥專用散裝船的經驗，於是，張才雄找來海洋大學造船系教授兼聯合船舶設計發展中心執行長張達禮，擔任統籌規畫，負責船殼、引擎的設計，製造的部分就交由中船公司，鋼板是購自中國鋼鐵公司，水泥裝卸及自動化系統則由亞泥負責。

沒想到，就在亞泥與中船展開造船合作時，德國 SITAS 造船公司的女老闆帶了兩位主管來台，盡釋善意，表示願意將船價降為一千萬美元，張才雄親自接待了這位女老闆，也交換了不少意見。當女老闆聽到亞泥已經決定要自己造船的時候，表現出一副很懷疑的樣子，不死心的她多待了兩天，希望事情能夠有所轉圜，但最終還是失望地返回德國。

■亞泥一號誕生

台灣從來沒有建造水泥專用散裝船的經驗，一切從零開始，一堆前所未遇的棘手問題，隨著動工，全都一股腦地冒出來了！例如：一般貨船都有排水孔，運水泥的船要怎麼排水？水如果滲到水泥裡怎麼辦？船體要多大、有多少承載量……這些問題的答案根本沒有人知道。另外，水泥像水一樣，遇到大浪的時候，會滾到船的另一側去，如果左右重量不平衡，船身很容易翻覆，國外就曾發生因裝載的鐵砂滾到船側，而造成翻船的意外。種種問題找不到解答，一時之間，張才雄像是在茫茫大海中迷航的水手，不知下一步要怎麼走。

一顆心懸在半空中的張才雄，不得已找了國外專門做水泥機械設備的公司，請他們派這方面的專家來台指點迷津。對方很快就同意了，並且開出一人來台三天要三千美元的顧問費。張才雄以為問題解決了，便放心地到美國出差。沒想到等他回國，才發現專家根本沒有來，原來是因為船舶設計發展中心和中船公司都很窮，付不起這筆費用。

張才雄只好去找創辦人幫忙，結果立即獲得首肯，由亞泥支付這三千美元。對方一收到錢，很快地就派專家飛來台灣。這位專家不愧是先進國家的頂尖人才，大家爭相提出各種問題，從他身上學到很多寶貴的知識與經驗，而許多設計製程中遭逢的難題，也都一一迎刃而解，這一段解疑除惑的過程，更成為日後台灣建造水泥專用散裝船的重要教材。

■藍色公路啟航

造船作業進行得非常順利，只花了一年時間，投入五百八十多萬美元，「亞泥一號」就完成了，並且剛好趕上一九八〇年花蓮廠二號窯的投產，澈底解決了水泥運送的問題。

「亞泥一號」採用最先進的自動化機械裝卸作業，產出的水泥先用小火車從花蓮廠一車車運到港口，存放到標示「洋房牌」水泥的圓庫裡，等水泥船來了之後，就把水泥由圓庫直接裝卸到船上，速度很快，並採取全密閉的方式，過程中完全看不見一絲泥灰或泥屑。全程就在乾淨清爽的自動化作業下，將水泥由東部運往台灣各個地方，完全符合創辦人堅持的環保觀念：「水泥不僅製造過程要不落灰，運輸過程也要不落灰。」

回首往事，步步艱辛，張才雄對於當年得力於聯合船舶設計發展中心執行長張達禮先生的鼎力協助，使得「亞泥一號」得以順利完成之情，永遠銘記在心。「亞泥一號」不但啟動了台灣造船史上第一艘水泥專用散裝船的巨輪，同時也開創了台灣水泥業「藍色公路」的新頁！

再造一艘大船

「裕民航運」是台灣最大的散裝航運上市公司，在風光時曾經一年賺進一個股本。但是很少人知道，它的誕生，也和亞泥息息相關。

這緣由，還是要從中東動亂說起。

一九八〇年，第二次能源危機愈演愈烈，油價從每桶十三美元狂飆到三十四美元，亞泥迫不得已將新竹廠及花蓮廠的燃油設備，全部改成燃煤，同時也從美國訂購大量的煤炭。但是，一噸煤的運費就多達三十八塊美元，這龐大的開銷著實讓創辦人覺得吃不消。

全球經濟崩壞，讓航運業的經營也陷入谷底，世界各大造船廠岌岌可危，中船更是內外交迫，沒有生意上門，而已經造好的船，又因船東拖延不接船，虧損嚴重。政府為了協助中船度過難關，實施「國輪國造」計畫，提供優惠貸款利率，且配額只有十一艘。創辦人腦筋動得快，行動更快，馬上去搶了一艘配額，因為「亞泥一號」成功的造船經驗，讓他燃灼起發展航運的雄心。

那一天，創辦人突然打電話給張才雄，要他從花蓮趕回台北。一見面，創辦人就很興奮地對他說：「你現在會造船了，大船也可以造啊！我們來造一艘運煤的散裝貨輪吧，六萬六千噸，除了自己用，也可以對外營業！」張才雄聽到老闆要發展航運業，嚇了一大跳：「我不懂經營航運啊，過去只有在港務局管理過貨船而已。」「你一定行，先造了再說！」創辦人對張才雄充滿信心。

航運業那麼不景氣，且散裝貨輪造價動輒三千萬美元以上，投資金額實在很龐大，當時有很多人勸阻，但創辦人有著企業家宏觀的高度與格局。他對航運業確實不是很熟悉，但依照過去景氣的周期判斷，當時雖處於低迷，但或許再隔兩三年就會開始復甦，而且台灣經濟剛剛起飛，進出口市場需求很大，航運業不僅可以配合水泥所需運送煤炭，也可以載運礦砂、小麥等其他物資，未來也可趁勢擴充發展。

於是，創辦人響應政府的號召，向中船訂購了一艘六萬六千噸的散裝貨輪「裕元輪」，同時還加購一艘一萬一千噸的「亞泥二號」水泥專用散裝船，全都委由張才雄負責。

沒想到，航運業起伏劇烈，造船期間價格暴跌，從三千多萬美元腰斬到一千多萬，中船的絕大多數買家都後悔不已，想盡辦法要毀約，常為了找碴而爭吵，火藥味十足，面對種種刁難，中船總是委屈求全。但創辦人卻不以為然，他覺得信用很重要，應該依約進行，況且，就像創辦人說的，即使現在造船價格跌落谷底，未來也有可能再漲上來。於是，在十一艘配額船隻的買家中，亞泥成為唯一不吵不鬧的。

有一次，為了選擇船上推進器主軸的廠商，各買家又開始爭論不休，原本公開招標的結果，是由一家德國著名的製造商取得，但是其他十位買家卻為反對而反對。技術本位的張才雄，不理會其他人的做法，堅持選擇原來得標的德國製造商，因為這家廠商與亞泥一向合作良好，沒有理由反對。而那些把價格看得比什麼都重要的其他買家，則是選購另外一家廠商的主軸。但誰也沒料到，後來這十家船隻的主軸都陸續斷了，只有「裕元輪」的主軸絲毫無損。

態度，決定一個人的高度。創辦人和張才雄的處事態度，完全印證了這句話。

■裕民航運

走過風風雨雨，一九八四年，六萬六千噸的巴拿馬極限型散裝貨輪「裕元輪」誕生了，創辦人於是將亞泥旗下「裕民運輸」的航運業務獨立出來，另外成立「裕民航運」，開創了遠東集團發展海上運輸的版圖。但是，航運業的景氣並沒有復甦，裕民航運在成立的第一年就為了攤提造價損失，虧損了三百萬美元，大家沮喪不已，然而創辦人卻有不同的看法。他認為，現在正是逢低買進的大好時機，急切地再三交代張才雄：「趕快造船，再跌，再造、再跌、再造……」那段期間，創辦人因為罹患胃疾開刀，身體虛弱，躺在病床上的他常常忍著病痛，語重心長地對張才雄說：「亞泥雖然經營得很成功，但是『賺錢難，花錢更難啊……』」。

果然，航運業在一九八六年擺脫了低迷的景氣，市場活絡了起來，而逢低加碼造船的「裕民航運」，業務擴張迅速，還開發了十五萬噸的大型「海岬型」散裝貨輪，成長速度驚人，也成為業界的傳奇。每當張才雄回憶起這一段往事，便不得不佩服創辦人的遠見、膽識與魄力。

這段期間，創辦人因為找不到適合的人選掌管裕民航運，一直委由張才雄暫代總經理，並且不只一次請他兼任此職位，但張才雄總是婉拒：「我只能專心做好一個事業，如果要做裕民航運總經理，我就要辭掉亞泥總經理，重新去學習如何經營航運！」就這樣，張才雄一直扮演著創辦人的左右手，肩負起裕民航運草創時期最艱巨的統籌工作長達六年，直到一九八九年，裕民航運總經理一職才由來自陽明海運的陳純熙接任。

自謙不懂航運的張才雄，就這麼一邊在水泥廠裡辛勤穿巡、一邊為了建造新船勞碌奔波，他在這六年當中，帶領著團隊共同打造了「亞泥一號」、「亞泥二號」、「亞泥三號」、「亞泥五號」、「亞泥六號」、「裕元輪」等六艘船，為企業的船隊奠定了現代化與專業化的堅固基石。如今，裕民航運已發展成為國內散裝航運規模最大的企業，且靠著優良的服務品質與口碑，在客戶間贏得了「最可信賴的海上運送者」美譽。

第八章 點石成青

每一個初到亞泥花蓮廠的人都會情不自禁地張嘴驚嘆：這裡的礦區竟不見滿天煙塵，而是穿著以豐饒綠意織成的美麗外衣。一座水泥廠要做好植生綠化、把礦山原生的樹種回去，得歷經多少寒暑與辛勤耕墾，才能讓種子萌出新芽，漸漸蛻變成茁然茂密的大樹？而當初張才雄那句「現在不做，以後會後悔」的堅定話語，已如磐石般札根固守著花蓮廠永續的環保精神。

■苦尋原生物種

在石灰石採掘過程中，必須將礦山表土一一剝除，然而在開採之後，如何復育環境，將青山還給大自然，一直是亞泥花蓮廠建廠以來的首要目標，但要如何在堅硬無比的光禿石頭上種樹？亞泥花蓮廠面臨莫大的挑戰。

讓石頭上面長出樹，簡直跟鐵樹開花一樣難！時任廠長的張才雄，將這份艱難的工作，交給了與植生綠化完全不相關的礦山採掘組負責。時任採礦股長的何恆張回憶，當初銜命接下任務，心裡感覺非常惶恐：「我只是一個採礦的人，哪裡懂得種樹啊……」「不懂，我可以請專家教你，你怎麼採礦，就要學會怎麼把樹種回去。現在不做，以後會後悔！」張才雄語氣堅定，他相信不管再怎麼難，只要有心，一定做得到。

不做會後悔！

花蓮廠馬上全體總動員，成立了「綠化小組」，而採礦人員就扮演起「綠手指」，開始研究各種植物，並學習如何在開採後的光禿岩壁上種樹。從一九八一年起，廠方與中興大學水土保持學系、中華民國工程環境學會，以及自然生態保育協會等專業學術機構合作，長期聘雇三位植物學博士，針對如何進行裸壁景觀復育，展開了各項植生綠化的試驗。經過不斷地研究和分析，最後，花蓮廠選擇了成本最高的「階梯式採掘法」，此種方式的好處是：在開採過程中可以同時在殘留壁進行植生綠化，但更重要的是，它對景觀的衝擊最小。

「生態保育」說來容易，但要有計畫地將礦山原生的樹種植回去，就是個大難題。當年協助花蓮廠「種樹」的植物學博士黃瑞祥回憶：「新城礦山的環境太惡劣了，你種大樹也沒有用，方法不對，還是會死，最終還是要回歸到程序理性。什麼是程序理性，就是採用原生植物，淘汰不好的種苗，採用比較能適應環境的樹種，專責同仁自己育苗，自己從事植生綠化工作，不假外求，累積技術經驗，並往下傳承。」

專家們發現，礦山經過開採後，已經轉變成為明亮、貧瘠、乾旱的環境，適陰性的植物無法生存，得要選擇適陽性的物種；此外，植被的產生有一定的演替史，花蓮廠經過長期實驗確認，礦場附近有四百多種原生植物，但只有八十七種適合當地氣候與土質條件，且種植成效良好。

找到了復育的目標，員工們便開始在原始森林裡的幽僻山道、人煙罕至的荒涼小徑中來回尋覓，終於，他們靠著一步一腳印，把這八十七種植物的種子全部採集回來。同時，花蓮廠在礦山旁斥資興建了一座全自動化管理的育苗室，以及專門用來培育植物的健化場。原生樹種的種子，在育苗室裡利用「穴植管」事先培育，直到三個月後根部生長完成，就可移植到室外的健化場，接受風吹、日曬、雨淋等大自然考驗，接著，就是漫長的等待。

這一等，就是兩、三年。

當植被成長到一點五公尺到兩公尺時，就必須再將它們一株一株移植到礦山岩石上，讓它們在酷熱、乾旱的惡劣環境中，磨練出強勁的生命力，平均下來，這些被移植到礦山的樹種，可以有八成五以上的存活率。

在石壁上種樹

移植的工程，是無數次挫折的累積。失敗了再種，種了又失敗，來來回回經過多年的試驗，皇天不負苦心人，矢志環保的專家學者與花蓮廠，終於創新研發出「客土槽植生工法」，這是在每一階開採完的裸壁前方，特別挖掘出一條寬一點二公尺、深一點五公尺的植生溝，再填入混合表土與肥化的客土，然後把事先培育好，已經長高到約一點五公尺的植被，以等距離、不同樹種交叉的方式種植在溝內。這樣的深度與寬度設計，才能夠達到表土的蓄水、儲肥功能，提供足夠的水分與養分，讓植物成長到十公尺以上，真正達到景觀復育的植生綠化的效果。而混植交替密植，不但能讓林相豐富多元，避免單一林相受到植物病蟲害的交互感染，也能藉此吸引更多的動植物返回棲息地。

在這過程中，充滿了不斷地摸索與嘗試錯誤。何恆張舉例：「像是一個包覆完整的根系，不能直接栽種，必須先用美工刀將根系的一部分切斷，假使原封不動種下去，根系就會盤繞交錯，永遠沒有辦法成長，這是一個訣竅。」另外，還必須混種一些像是相思樹的肥料木，可以為這些植被供應十到十五年的肥料，等它死亡後所騰出的空間，就能讓這個優勢的樹種長得更高更茁壯。

但是，「客土槽植生工法」只能在平台上種植，並且需要五年時間，才能打造出如森林般的綠世界。但綠化的腳步不能等，為了加速開採後裸壁綠化成林的效果，花蓮廠又於二〇〇六年再創新研發出全球唯一的「植生土包工法」，能夠快速地在三個月內達到覆蓋率百分之百，為礦區復育成林打下根基。

兩百座一〇一

說起「植生土包工法」的研發過程，何恆張臉上滿溢驕傲之情：「這完全是我們自己研發的，因為經過多年的種樹經驗，我們發現，有一些樹的根冠非常堅硬，有鑽探能力，能鑽入岩石縫隙，去尋找水分和養分，於是，我們想到利用土包樹種達到植生綠化的目標。」

所謂「植生土包工法」，是把礦山開採後所留下的表土，加上從地方上回收的乾豬糞做為緩效性肥料，拌好後一起倒入網狀的土包內，隨著土包內的草種慢慢長出來，網袋內的肥料，亦會幫助草苗生長。

這個工法的每個土包約有六十公分大小，從乾豬糞攪拌入表土、逐一綑綁、再一包包往上堆疊在裸壁上，每一個步驟都需要透過人工完成；同時，還必須在堅硬的裸壁上釘上岩釘加以固定，平均一天只能完成約一百五十個土包，工程十分辛苦艱難。但儘管如此，仍在十年之間堆疊了六十幾萬個土包，總計約十萬公尺，超過兩百棟台北一〇一大樓的高度！而為了製作這些土包，花蓮廠每年要收集地方上三千多包的乾豬糞，因此也間接解決了當地的環保問題。

苦根結甜果。花蓮廠終於完成了植生綠化工程，當發現眼鏡蛇、山豬、猴子等野生動物陸續返回植生綠化後的礦山棲息時，員工們興奮不已。這樣卓越的環保成果，也屢獲日本、澳洲等已開發國家的肯定，期間並連續多年贏得國內企業環保獎的殊榮，而花蓮廠的礦山更經主管機關遴選為示範礦場，成為國內外同業實地考察觀摩的標竿。

從採礦達人蛻變為植生綠化專家，何恆張談起植物如數家珍，更常常向前來參觀的民眾詳細說明數十年來點「石」成「青」的艱辛過程。「花蓮廠所有員工最感驕傲的是：在植生綠化的過程中，一直秉持著自然生態的理念，從來就沒有假借外來的植被去完成礦山綠化，採用的樹種就是原生種，這是亞泥人永遠的堅持。」

一路協助亞泥植生綠化工作的黃瑞祥博士，很佩服張才雄非要把事情做到完美的精神。黃瑞祥說：「張才雄先生是很重視企業社會責任的企業家，他非常注重企業形象，而且很有遠見……當年我講的事情都是十年、二十年後才能看見效果的事情，誰會聽得進去？就他聽得進去！」黃瑞祥說，張才雄很能發揮「夫唯病病，是以不病」的精神，就是他知道他的弱點在哪裡，然後懂得想盡辦法，好好補強。

多年來，花蓮廠為礦山綠化投入了大量的人力與物力，不斷研發創新各種植生綠化技術，做好水土保持，歷來的三任廠長，也跟隨著前人的腳步，帶領團隊，為了礦山的綠化與環保，付出了許多心血及努力。不過，仍有一些環保人士在進廠參觀後直言：「你們確實做得很好，非常用心。但，對於水泥這個產業，我們仍然反對……」面對根深柢固的刻板印象與誤解，亞泥人並不氣餒，因為，一棵棵以無數辛勤汗水澆灌孕育的大樹，都承載著所有員工對自我的期許：「我們不是土地的終結者，而是環境保育的先行者！」

第九章 生態園區

花蓮太魯閣前的新興路上，有四百多棵鳳凰樹佇立兩旁，茂密枝葉交匯出一條青翠的「綠色隧道」，隨著四季更迭，綠木會開出美麗的紅花，蛻變成鮮麗的紅色林道，成為國家公園前最美麗的迎賓大道；而花木扶疏的「蝴蝶園」與「休閒林園」，常會見到嬌貴的三級保育類「黃裳鳳蝶」飛舞其間。隧道、蝴蝶、林園，串起了台灣唯一結合水泥產業的「生態園區」，也體現了亞泥以回饋之心構築的「環保希望工程」。

綠色隧道傳奇

「當時創辦人交代，我們在太魯閣觀光勝地前設了一個大水泥廠，一定要配合整體環境來建設！」謹記創辦人回饋地方的心情，從那以後，張才雄帶領著花蓮廠員工，把「廠區公園化」當成最大目標，每天都想著如何把花草樹木種得漂亮、如何綠美化整體環境，讓它與地方共生共榮。如今放眼花蓮廠，從廠區外的鳳凰林道、生態園區，一直到工廠、宿舍……大路小徑都栽遍了花草植物，連建物牆壁都爬上了綠油油的藤蔓，在這裡，沒有傳統水泥廠冰冷的氛圍，只有漾著綠意的怡人靜謐。

十年樹木、百年樹人，鳳凰林綠色隧道，是花蓮廠員工投注四十多年心血的辛勤成果，每到畢業季，廠區前道路兩旁種植的鳳凰樹就會開滿鮮紅色的花朵，非常漂亮，當地人愛它四季流轉的絢爛色彩，暱稱它為「亞泥鳳凰林」，這條林道，也是花蓮第一座「綠色生態隧道」。二〇〇二年，台九線道路展開拓寬工程，官方曾經討論要將鳳凰林移除，但引起當地居民強烈反對，主動展開護樹行動，最終成功保留住這片自然資產；但人為可阻，天災不可擋，數十年來，鳳凰林曾多次遭受颱風摧殘蹂躪，林相破敗損傷，然而花蓮廠員工始終未棄守這片當地人的最愛，他們幾番在災後進行辛苦的重建、維護，就是要為在地人永續這綠色隧道的美景。

「綠色隧道」的良好成效，讓張才雄非常意外，原本一心只想種樹的他，未料到這片美麗的鳳凰林，會讓亞泥和在地人的情感有了連結；而圍繞其間的亞泥生態園區，則是另一個無心插柳的故事。

■打造蝴蝶牧場

花蓮早期並沒有太多休閒花園，所以亞泥在廠區種植非常多的花卉，希望民眾經過的時候，能夠駐足欣賞，留下深刻的印象，也期盼人們能在大自然的美好中體悟到：水泥廠設置在這裡，跟在地環境其實並沒有太大的衝突，更可以將綠化工程做到盡善盡美。

很意外的，這片美不勝收的花園，吸引了許多蝴蝶嬌客停留覓食，花蓮廠員工於是起心動念：除了種植花草樹木、美化環境外，還能為地方做些什麼呢？或許從觀光及教育的方向來著手，是一個不錯的點子。於是，他們著手勾勒興建蝴蝶園的藍圖。

二〇〇四年，亞泥將位於廠區大門對面占地約一點八公頃的空地，打造成景致優雅的蝴蝶主題式公園，並栽種了大量且多樣化的植物，吸引更多的蝴蝶飛來棲息，很快地，連黃裳鳳蝶等保育類昆蟲也成了意外的訪客。在看見成效的欣喜之餘，這群只懂水泥不懂蝴蝶的工業人，其實在這過程中吃了不少苦頭。

他們遇到的第一個瓶頸，就是「誘蝶」。蝴蝶是在天上飛的，和地上的植物截然不同，要如何把牠們引進來，與廠區的環境融合共生，就是一個很大的挑戰，而養蝴蝶的學問更是難上加難。剛開始為了吸引蝴蝶，員工們拚命種植了很多花卉和蜜源植物，結果卻發現：不對啊，蝴蝶採完蜜就飛走了，根本不會留下來產卵與棲息。原來，要吸引蝴蝶長棲與繁衍，除了成蝶所需的蜜源植物外，也需要有供應幼蟲生存的食草植物，這樣才能算是一個完整的蝴蝶棲息生態環境。

然而，台灣是蝴蝶王國，蝴蝶種類有四百多種，每一種採擷的蜜源都不盡相同，所以相對的，員工們就必須蒐集這麼多種類的植物。目前在園區中，就同時栽植了一百四十多種誘蝶的食草與蜜源植物。「可不是一般在野外看到的花花草草都是牠們的食物，像黃裳鳳蝶就喜歡吃一種植物叫馬兜鈴，如果拿別的植物給牠吃，牠寧可餓死。」前總務組員工張振發對蝴蝶可有研究了，為了找尋蝴蝶的食物，他還真是費盡了心思。因為有了蝴蝶園，就得要有維護的工作，而當時這個重責大任，就落在總務組的身上。

如同採礦組要學植生綠化一樣，總務組也要學著養蝴蝶！

「總務組本來只需維護環境，但是那時張英豐廠長卻將照顧蝴蝶的責任交給我們，那是全然不同的工作領域，必須從頭學起。」為了尋覓各種蝴蝶的食草或蜜源植物，張振發經常兩腳一跨就騎上摩托車全省跑透透，花蓮、太平山、南橫公路……，到處都有他的足跡，有時候因為太專心找路邊的植物，找著找著，一不小心車子就騎到水溝裡去了。「可以說我了解蝴蝶比了解人還透徹！」回憶起這些陳年往事，張振發甘之如飴。

蝴蝶是生態系最底層的昆蟲，四個生命階段：卵、蟲、蛹、成蝶，各有不同的天敵，譬如螞蟻會吃卵、鳥會吃蟲、螳螂吃蛹，即使是成蝶飛在天上，也會成為鳥兒的大餐。花蓮廠為了幫助蝴蝶對抗天敵，特地在員工宿舍旁闢出一百多坪的土地，搭建了一個蝴蝶小網室，設置流水、石板、沙地、草叢……等，以仿自然棲息環境的概念，營造出一個優質的「蝴蝶牧場」。

美麗的蝴蝶引來了人們的目光，造訪的民眾愈來愈多，場地也不敷使用。有一次董事長徐旭東來到蝴蝶園參觀，非常肯定員工的成績，且認為園區具有生態教育的價值，但應該要有更大的格局。於是，亞泥開始每年提撥大筆經費，協助花蓮廠有計畫地經營蝴蝶園。日後不僅蓋了高八公尺、占地六百坪面積的大規模蝴蝶網室，更由花蓮廠研發出一套台灣唯一能對抗風災的自動收網系統，只要半天的時間，就可以完成收網或組裝，非常安全、有效率。

目前亞泥蝴蝶園裡常見的蝶類約有四十種，包括枯葉蝶、大紅紋鳳蝶、大鳳蝶、無尾鳳蝶、紫斑蝶、青斑蝶、台灣三線蝶及台灣粉蝶等。更難能可貴的是，這裡一年四季都可以欣賞到名列三級保育類的「黃裳鳳蝶」。黃裳鳳蝶的體型特別大，金黃色的後翅與黑色前翅形成強烈的對比，在陽光照射下，會閃耀著一道道炫目的金色光澤，令人驚艷！牠們最喜歡的食物就是港口馬兜鈴，為了讓這群珍稀的貴族能有足夠的食物，全台五大類馬兜鈴，亞泥全都蒐集到了，甚至在園區還特別開闢出一個馬兜鈴廊道，吸引更多遊客專程前來賞蝶。

進入這座偌大的仿自然蝴蝶網室，有姿影靈動的蝶舞映入眼簾；漫步在蜿蜒的賞蝶步道上，隨處可見兩兩相伴的蝶群穿梭花叢間；踏上食草廊道，隨手翻動枝葉，無論是樹葉背面的蝶卵、正在食草的幼蟲、抑或隱身在樹葉間的蝶蛹等，都能讓遊客近距離欣賞到蝴蝶一生的演變。而群蝶願意在花蓮廠區棲息飛翔、不斷繁衍後代，代表著這裡已經提供給牠們一個媲美大自然的祕密花園！

「日常的蝴蝶飼養、環境維護與植物培育等，都是我們自發性去做，從來沒有假手他人，就連對參觀民眾的環境教育解說，也是我們主動閱讀相關書籍，或透過公司安排，請專家學者指導。」負責園藝與解說的譚文政對此感到很自豪。此外，廠方也特地培訓十多位對當地生態非常熟悉的太魯閣族員工，擔任園區解說員，他們會用生動活潑的說唱舞蹈方式，和遊客互動，達到生態教育的目的。

環保希望工程

緊臨蝴蝶園區的「亞泥休閒林園」，原本是為了將礦山的原生樹種移地保育的基地，廠方一樣花了不少巧思，整頓成花蓮早期難得一見的「植物園」，裡面種植了超過四百種的植物，包含樟科植物區、殼斗科植物區及針葉樹植物區等，除了藉此穩定樹種、維持環境生態外，也因樹種的多樣性，常常吸引不少民眾前來參觀。後來，花蓮廠為了將生態園區發展為更專業的環境教育服務，還針對不同的遊客年齡族群，設計各種環保教育課程與互動遊戲，而參觀的民眾也不時會提出一些建議，彼此教學相長，更具意義。

如果，一個企業的文化底蘊是追求環保的精神，那麼員工自然會念茲在茲、自動自發地來達成這個神聖的目標。張才雄之後，這些年來，花蓮廠歷經三任廠長，每一位都竭盡心力帶領員工致力環保綠化，並努力做好敦親睦鄰的工作，也不斷安排各種內部訓練或外部專業研習課程，提升員工對於自然生態維護及環境解說的專業能力，有些人因此產生興趣，主動利用工作之餘到大學進修專業課程，進而攻讀大眾傳播碩士或環境教育博士，甚至還通過環保署的環境教育人員認證，成為花蓮廠專業精銳的環保先鋒。

亞泥生態園區從二〇〇四年開放以來，平均每年約有一萬人次前來參觀，且逐年成長；二〇一九年擴大規模後，每年更有六萬人次以上遊客前來，儼然成為花蓮著名的觀光景點，民眾對於花蓮廠的努力，也給予肯定。二〇一四年，亞泥生態園區獲得花蓮縣政府頒發環境教育特優獎，是歷屆第一個獲得此獎項的民營單位。二〇一九年，亞泥更在國際上，因「深耕永續希望種子——亞泥生態環境教育專案」，榮獲「二〇一九 AREA 亞洲企業社會責任獎」綠色領導獎。

綠色隧道長青、蝶園風光長在、生態園區長存。

「有企業願意提供這樣的環保教育課程，是非常有意義的事。在台灣民營企業中，將這麼大規模的生態園區免費開放給民眾參觀學習的，亞泥花蓮廠是第一個。」常為員工授課的植物學博士呂勝由，為亞泥永續經營的「環保希望工程」，下了最好的註解。

第四篇

立足台灣．輻射國際

第十章 走出台灣

一九九一年，現任董事長徐旭東在一次工作會報中表示，希望各企業要有企圖心，積極向外發展，不要侷限於台灣，水泥業也可以。創辦人徐有庠也曾語重心長地說過：「我們應該把好的東西，帶回故鄉……。」心繫企業的宏圖願景，身為亞泥總經理的張才雄決定身先士卒，親自帶隊出征。當時他已年近古稀，卻仍思慮清明、精神矍鑠地擘畫拓展企業的藍圖。他首先領軍往東南亞探勘，後到中國東北尋找礦源，雖幾經轉折未果，但這些經歷卻成為日後大陸建廠最珍貴的資產。

■出發 探勘東南亞

「兩任董事長都鼓勵企業向外發展，我們當然就要朝這目標走。」

張才雄決定走出台灣、開疆拓土的第一站，選擇到鄰近的馬來西亞。勘察的重點，在於礦的品質好壞、交通運輸狀況，以及投資條件。當時亞泥新加坡研磨廠會計處的經理林玉成以及總經理陸惟態，因為熟悉馬來西亞，就由他倆擔任嚮導，其中林玉成就住在馬來西亞，每天通車到新加坡上下班，對馬國再熟悉不過。

馬來西亞的礦山很特別，感覺像是平地突然隆起的一座高山，終日雲霧瀰漫，還有很多人在山上採燕窩，那景象十分奇特。礦區位於回教地區，當地人吃飯都用手抓，牛奶不是直接喝，而是泡到飯裡一道吃，許多風俗習慣都令人大開眼界。張才雄剛去的時候，見識到他們強悍的民風，心裡還有些忐忑，但稍微熟稔之後就卸下了心防，當地人對於亞泥來此地發展，其實是展開雙臂歡迎的。

勘場之後，張才雄心中很快就有了腹案：礦區附近有海，而且中間有一條很直的鐵路穿過，生產的水泥可以運到北方的港口，再用船來運輸。港口的條件也很不錯，未來甚至還可以銷售到相鄰的新加坡，張才雄很滿意，預備從這裡扎根起步！

一切計畫看似進行得很順利，接下來就是交涉投資的細節，但一談下去，張才雄才知道不妙。原來，外資要在馬來西亞投資得有兩個條件：第一，公司的董事長必須由馬來西亞人擔任，即使投資再多的資金，也得要找一位掛名的董事長；第二：馬來西亞的股份必須占百分之五十以上，外資不能超過百分之五十，換言之，就是外資對於投資當地的公司絲毫沒有控制權。別的不說，光是這兩點就讓張才雄卻步了。

「我心想，水泥投資金額這麼大，卻要把錢和權交給別人，到頭來我什麼都不能管，這怎麼行呢？」有些事情，當老闆的可以冒險，做夥計的卻不能開玩笑，砸了鍋，即使馬來西亞的礦質再好，張才雄最後還是決定忍痛放棄。

出師不利，張才雄於是轉戰越南，雖然這裡很多礦，但都是由軍方控制，如果要在當地設廠，就要「走路線」，也就是要給好處、給黑錢，處事一向光明磊落的張才雄根本不作考慮，直接放棄，前進東南亞的計畫因此全部作罷。

■西進大陸

東南亞考察沒有進展，張才雄決定西進大陸，這也是創辦人的最大心願。

祖籍江蘇的創辦人，年輕時在上海就是有名的實業家，於一九四九年隨中央政府遷廠台灣後，跨界建立了台灣首屈一指的企業王國，但創辦人卻一直心心念念著故鄉，不忘自己的根，總是殷切期盼：「把最好的東西帶回去！」雖然原本的事業是棉花、紡織、製衣，但水泥卻是企業轉型的代表，也是事業多角化經營之始。當他看到了花蓮廠的成功典範，便充滿信心地勾勒亞泥在中國大陸發展的願景：水泥是基礎工業，大陸地大物博，很多地方尚未開發，此時西進一定會有好的發展。

當時有位名叫林燦堂的承包商，在亞泥西進大陸的過程裡扮演著穿針引線的關鍵角色。

林燦堂原本在承攬同業的工程，後來因為某些因素終止，轉而找上亞泥，雙方一直合作愉快。由於張才雄對於承包商的要求，總是以施工品質為前提，盡量給予方便與協助，令林燦堂感念在心。後來，林燦堂赴大陸發展事業，建立了不錯的人脈關係，他經常回來向張才雄描述大陸的發展情形，並給予不少建言。

養精蓄銳，整裝再發！

一九九三年，張才雄組成了探勘大軍，兵分四路前進對岸。他親自帶領著張振崑（時任花蓮廠首席副廠長）、何恆張（時任花蓮廠助理副廠長）、方履興（時任亞泥會計處經理），往遼寧省錦西市（今葫蘆島市）邁進；第二路由張英豐（時任花蓮廠廠長）帶隊，領著周維崑（時任亞泥祕書處經理）、俞劍屏（時任花蓮廠助理副廠長）及高銘佑（時任花蓮廠採掘組副主任），往江蘇南京等地探勘；第三路是彭學仁（時任亞泥總經理）帶著田隆

（時任亞泥會計處襄理）及梁武雄（時任新竹廠副廠長），往山東煙台；最後一路則是前往浙江杭州附近，由蘇世英（時任亞泥總工程師）帶隊。考察團的成員囊括了機械、電機、化工、土木、採礦等技術人員，還有財務、會計、祕書等管理方面的人才，可說菁英匯聚。

這一年，張才雄六十九歲。

政府開放西進後，亞泥是第一個進軍大陸開設水泥廠的企業！這是一條無人走過的陌生荒徑、是一條充滿未知的崎嶇險路！從煤礦場小員工一路奮鬥坐上水泥公司總經理的位置，張才雄肩頭上扛的，是比任何時期都艱鉅的任務，是生命中不可承受之重，而迎接他的，並沒有天縱的好運，而是一場場堅苦困難的硬仗。

張英豐、周維崑、俞劍屏與高銘佑這一路，首先到上海跟林燦堂會合，然後轉往南京的青龍山，參觀了當地的一座水泥廠。這座廠年產二十萬噸水泥，工人卻有兩、三千人，連同眷屬，食衣住行全由工廠負擔，甚至還辦了學校。只是廠方申請到的經費，多數花在照顧員工，能用在廠內維修機器的錢，所剩無幾，無法更新的設備就只好先擺著，這是當年中國大陸施行的制度所使然。相較之下，台灣亞泥年產量達五百萬噸，卻只用了五百多人。

這座水泥廠當時使用的是在台灣已經相當少見的老式立窯，這讓俞劍屏的印象非常深刻；高銘佑則是和廠裡的工程師一見如故，用餐時，兩人高粱酒拿起來就乾，頗有惺惺相惜之情。特別的是，一行人參觀時，完全不見工廠冒灰，但隔天離開，火車經過那座水泥廠附近，卻出現了煙塵，後來才知道，廠方為了接待他們，前一天刻意停了窯。

至於張才雄這一路，先到了上海參訪鍊條提運機的機械廠，由林燦堂全程陪同，後來又被安排去北京見建材局長王燕謀。當時，中國大陸水泥產能年僅三億噸，且大都是立窯，王燕謀為了振興產業，大力提倡沿海沿江發展「T型計畫」，引起了張才雄的興趣。

長江從上海出海，若由上海往南、北的沿海延伸，就會構成一個T字，王燕謀的想法是：發展一個以上海為中心、結合沿江內陸市場的水泥生產戰略布局。後來他還在一本英國水泥雜誌《*WORLD CEMENT*》上發表了

「T型計畫」的論述，恰好同一期張才雄也發表了一篇介紹亞泥花蓮廠的文章，兩相呼應，十分巧合。

由於亞泥在台灣實行環島海運非常成功，水運如何能達到最大邊際效益，張才雄很有經驗，但對於王燕謀的「T型計畫」，他持有不同的看法。他觀察到，當時大陸水泥業多半設在沿海地區，業者以為進可攻退可守，不料卻反而形成殺價競爭的紅海，如果到內陸設廠投資，雖然市場發展落後，但是價格比較好，將來也會有很大的成長空間。

果然，後來亞泥在中國內陸擴展版圖，就是採取沿著長江拓展市場的大原則，利用便利的水運，輸往沿江城市或外銷，結果引起部分中國大陸水泥業者仿效。二〇〇〇年江西廠舉行開窯典禮時，王燕謀雖然已經不是建材局長，但他還是特地趕赴參與盛會。

■尋礦　止步東北

林燦堂就這樣陪著張才雄、張振崑、方履興、何恆張一行人從上海、北京一路探勘考察，直到目的地：錦西（今稱葫蘆島市）。

初來乍到，他們發生了很多鮮奇趣事，也領略到東北人的直爽個性。當地人請客吃飯有個很特別的習俗，每次都要點很多菜，但是，每道菜一定都不能吃完，因為，吃完了主人會沒面子。而且用餐即將完畢時，盤子會一盤一盤地堆疊在菜上，也不能打包，這是為了展現主人的熱情招待。張才雄最喜歡的一道菜叫饃，掰開之後沾著滾燙的羊肉湯入口，湯鮮、肉香、饃韌，別有一番風味。

這一回，張才雄還發生了一件小插曲，讓他經歷了一個難忘的驚魂夜。一行人投宿的雖是市區旅館，裡面卻是黑燈瞎火，陰暗不已，因為電力不夠，燈泡只能發出像是鬼魅般的幽幽微光。張才雄住在一樓的套房，進房時也沒有特別觀察環境，一天晚上九點多，他已入睡，但睡到一半被叩叩叩的敲門聲驚醒，他起身開門探看，門外竟然沒半個人！張才雄感覺奇怪，但大半夜的，也不能如何，只好關上門又繼續睡，沒多久，又聽見有人敲門，這回他心裡有點毛，走出房門探看，夜裡的長廊空蕩蕩的，其他房間也靜悄悄地沒有動靜！他趕緊回到屋裡打電話給方履興求救，方履興來查看了一下房間，覺得也不是挺安全，商量後讓張才雄搬到樓上去跟張振崑同住。這齣旅店驚魂記，張才雄到現在都想不通是怎麼一回事。

港口的氣候對水泥運輸是很重要的考量，葫蘆島是個港深水闊的不凍港，很適合亞泥發展水運，同時他們也找到了一處石灰石礦源，幾經討論後，決定要進行探勘。

亞泥到任何地方初勘時，都會先與官方簽下投資意向書，並特別附註：「如果礦質不佳，就不會繼續投資。」把話說在前頭，主要是避免將來探勘出來的礦質若不好，要退出的話有困難。

在當地技術人員協助下，亞泥在礦山鑽了四個孔，結果卻發現愈到下面品質愈差、氧化鎂成分很高，有可能是「雞窩礦」（好礦壞礦混雜，一窩一窩的），也許這一窩好一點，但旁邊那一窩就比較差。對小廠來說，因為需求的面積不大，所以只要挑好的部分就已足夠開採；但大廠需要的面積極廣，一整片開採下來無論好壞都必須承受，就會造成品質無法掌控。

張才雄仔細評估探勘報告，認為不能冒進，就和官方表明要退出投資。因為之前簽過了意向書，對方沒有理由拒絕，但他們不死心，一再請求：再鑽兩個孔試試吧！張才雄想了想，答應再試一次，於是，又加鑽了兩個礦孔，結果發現品質還是不行，對方只好同意亞泥退出。而這次探勘過程中建置好的所有資料，亞泥也大方地提供出來，就算是送給錦西官方的禮物吧！

這一趟探勘之行，前後歷時一年多，終究找不到適合的礦源，一九九五年，張才雄決定束裝返台。

回想當初創辦人希望亞泥到大陸建廠，張才雄的心裡其實有些忐忑，那時赴陸投資案例並不多，許多攸關成敗的未知數難以掌握，前路一片茫然。「但老闆交代的事，做夥計的只許成功不許失敗啊！」面對未知的挑戰，張才雄一直戒慎恐懼、戰戰兢兢，如何布局、如何穩紮穩打步步為營，都得全盤規畫縝密思考。

回到台灣，張才雄放下了得失，沈澱自己的心情，好好地抽絲剝繭、分析這一趟探勘之旅與未來的投資情勢。他發現，很多台資企業去到大陸，都只走地方關係，但是水泥建廠牽涉的問題既深且廣，絕非地方政府能做決策，一定要先爭取省長的全力支持。省長支持，就代表省方支持，只要省的命令下來，後續推動就會比較順利。「日後的建廠計畫，得依此原則進行布局才是。」心思敏銳的張才雄，已然洞悉西進成敗的關鍵。

但更大的問題來了，要見到省長，跟台辦的關係一定要好，由他們去交涉，但是，如何才能獲得最高領導的支持呢？有了想法，還要有做法！那段時日，張才雄常常靜坐思索：亞泥的下一步該怎麼走？

光陰像一把細細的篩子，把人的思維漸次過濾得清明透澈。「他是位心思縝密、謀定而後動的領導者，什麼場合裡，哪些話一定要講，他會想得非常清楚。」跟隨張才雄多年的亞泥老同事，經常這樣形容他們的老長官。

人生中，一句不經意的話、一個不經意的當下，往往會轉變生命之輪的軌跡。張才雄結束探勘、準備返台前曾途經北京，巧遇當時的國台辦經濟局局長劉震濤，他再三勸留張才雄：「江西是你我的故鄉，那裡的礦很好，可以去看看！」當時，張才雄並沒有認真考慮，沒想到回到台灣後，這句話卻在他的心裡暗暗發酵，最終轉化為實際行動，開啟了他七十一歲以後人生的奮鬥史。

第十一章 大陸第一座廠

興建水泥廠的困難與繁雜度是一般行業的數十倍，不只投資金額龐大，土地、礦源與運輸等問題也牽涉到莫大的利害關係，但這些都不會阻礙張才雄前進大陸的決心，「正派經營」是遠東集團與張才雄一路執守的理念，雖然他赴江西建廠期間遭遇過「九八大水災」等的磨難，卻也得到很多貴人的情義相挺。二十幾年來，一步一腳印，如今江西亞東已躍升為全江西省最大的水泥生產基地。「沒有做公關，就等於做公關，只要做事認真一點，人家就會多幫你一點。」這是張才雄在大陸奮鬥多年的深深領悟。

■波折重重的批文

錦西探勘礦源未果，創辦人那句「要把好東西帶回家鄉」的話，像是小小的火苗，總是不時輕灼一下張才雄的心，而他的腦海裡，也常常浮現出返台前，時任國台辦經濟局局長劉震濤對他說的：「江西的礦很好，可以去看看！」

攤開中國地圖，江西位於長江的中游，若在那裡設水泥廠，往上，可以開發最大的內陸市場：武漢，往下，可以運到沿江、沿海地區，甚至外銷。亞泥在台灣環島海運的成功，讓張才雄很有自信：長江水運的優勢，必定可成為亞泥在中國大陸擴展版圖的最好利基。

一九九五年，張才雄決定走一趟江西。

在第一次見江西省長吳官正之前，張才雄的腦子裡已經有很多具體的想法，也做足了準備：「必須一開場就要引起他們的興趣，獲得支持，建廠之路才能踏出成功的第一步。」他事先打聽到，省長是工程專業背景，對水泥相關技術有一定程度的了解，於是，他請時任花蓮廠首席副廠長的張振崑事先準備一張很大的廠區配置圖，這圖攤開來有兩公尺長，得要兩個人一人拉一邊才能撐起。

會面一開場，亞泥的同仁就左右一站，刷地撐開這張精心繪製的巨大廠區配置圖，張才雄站在前面，一邊比畫著圖一邊解說：亞泥的水泥廠跟中國大陸的廠有何不同？什麼叫做旋窯？磨子？大倉……同時，他也舉花蓮廠的成功例子，向在座的官員保證：「我們是用最先進的設備，生產最好的水泥，排氣含塵量絕對在 $30mg/m^3$ 以下，像花園一樣，將來我們在江西蓋的廠也會這麼漂亮，不會冒灰！」張才雄個子不高、體形瘦小，但他堅定的語調與自信的氣勢，震懾了在場的每一個人。

一般禮貌性的初次拜會，時間都不長，話題也點到為止，但這麼震撼的開場白及專業的規畫與說明，與會官員不但前所未見，更驚嘆不已！會議最後，張才雄發出豪語：「我現在的承諾，定會一一實現，成為日後江西廠完工典禮上的致詞。」就是這句話，深深感動了省長及在場的所有官員。

二十多年前，大陸水泥廠大多是傳統立窯，生產技術落後，產品品質差，汙染也嚴重；再者，他們的礦山是採取下拔式開採法，從山腳下慢慢開挖，待下方土石挖空，上方山壁自然崩落裸露，但如此一來，對景觀環境造成很大的衝擊。張才雄提出的做法，與舉出在台灣亞泥花蓮廠的成功實例，在在顛覆了他們過往的經驗與思維。

大陸官方組織紀律嚴明，省方交辦的工作，市、縣必須澈底執行，張才雄的策略成功打動了省方官員，為此，亞泥建廠項目，省府特別成立了「協調辦」專案小組，由副省長擔任召集人，積極爭取亞泥到江西投資的機會。

探勘隊伍出發了，他們發現，瑞昌市碼頭鎮的礦很好，而且蘊藏量很大，省府又提供了臨長江深水區僅三百公尺、距離礦山約兩公里的絕佳廠址，整個「礦」、「廠」、「港」連成一線，如此一來，既能夠運用長江水運外銷，又可以利用機械式輸送帶，以全密閉方式運送礦石或水泥，達到不落灰、經濟又環保的目標。

江西設廠的第一關看似順利，但前路其實充滿了坎坷與荊棘。

水泥設廠的第一考量是礦源，第二個是土地價格，第三個就是運輸。亞泥估計在江西設廠，礦區需要四千多畝地，但當時省府訂出的地價超過亞泥的預算；此外，中央給地方的開發用地，有一定的配額限制，如果都給了亞泥，就沒配額再去招商引資，幾經磋商，雙方始終無法達成共識，協商也就此停頓了下來。

三個月後，張才雄藉著造訪江西的機會，再度拜訪省府，新任省長舒聖佑召集財政局、發改委、國土局及環保局等主管與會，針對問題解決問題，會中有官員建議，不如雙方各讓一步，省方地價可以酌予調整，但土地證的取得，還是得照規定，採取分批撥給的方式，以便繼續對外招商。有官員表達贊成之意：「亞泥的投資很大，未來各種稅收更可觀，要看長遠發展，不要短視近利，只專注眼前的地價問題……」

中國大陸政府的稅收是一套很複雜的系統，採分層管轄，以碼頭鎮為例，一路往上報就是瑞昌市、九江市，再來是省、中央，一層一層按比例分攤，所以，地方政府往往要很努力地廣闢財源、爭取稅收。此外，江西省方也考量到，亞泥在碼頭鎮的預定廠址，原來是個地勢低窪的魚塭區，地質又有溶洞，如果要整地建廠，耗時又耗資，當時對外招商引資了八年，都沒有人有興趣。如今亞泥只要條件得宜，就會來此建廠，不但可增加地方稅收，也可以增加居民就業機會，可謂多方得利。

土地談妥了，再來就是批文的問題，包括省及中央的發改委、國土部門、環保部門……等等，一份文件要蓋幾十個章，亞泥在江西建廠單單公文往返，就跑了一、兩年。經過多方的努力與奔走，亞泥終於在一九九七年拿到核准批文，成為第一家依法赴中國大陸投資的台灣水泥業者，「江西亞東」的設立，也開啟了亞泥在中國大陸艱辛又漫長的建廠之路。

沒想到批文過了，卻迎來另一個猶如晴天霹靂的消息。中國大陸宣布將於一九九八年四月一日起取消進口設備免稅的政策，這下慘了，江西亞東很多關鍵設備都是自國外進口，若取消免稅，光是稅金就是一筆龐大的費用，眼下唯一的辦法，就是趕在四月一日前取得國務院的批文，爭取免稅。事不宜遲，張才雄一行人急急趕赴北京拜會官方，但官方的態度卻異常冷淡，尤其是一名對批文最具影響力的經貿部外國投資管理局官員，對台灣的水泥業沒有好感，還說：「亞泥真的要設廠？」

原來，「陳姓台商事件」壞了他們對台灣水泥業的印象。

武漢市原本有一座蘇聯捐贈的古蹟展覽廳，場地很大設備卻陳舊不堪，惹來參觀民眾非議，後來有位陳姓台商宣稱要在附近投資水泥廠，並承諾若獲准設廠，將重蓋一座新的展覽廳回饋地方。官方一聽興奮又期待，忙不迭地把舊展覽廳給拆了，結果，這位台商卻跳票了，別說展覽廳，連水泥廠的影子都沒有，當時與他接洽的副市長，事後還引咎辭職，鬧得滿城風雨。

「亞泥不但會信守承諾建廠，而且會建最好的水泥廠，跟你們現在看到的水泥廠不一樣。」張才雄向經貿部外國投資管理局這名官員簡報，並特別強調亞泥的花蓮廠「不冒灰！」官員一臉狐疑：「真的嗎？」

為了證明所言不虛，張才雄特別邀請他們來台灣看一看。於是這名官員率領一支考察團到花蓮廠參觀，陪同的還有許多水泥業者、台辦官員……等。當他們看到無煙無塵、綠意盎然的花蓮廠區後，驚訝地豎起大拇指，也覺醒到：「這是中國人的驕傲，這才是我們要的水泥廠！」自此，大陸中央對亞泥設廠的態度就一百八十度轉變，從不信任的懷疑到催促趕快送件。

但是，批文要獲得正式許可，還需上呈國務院，眼看「免稅大限」就快到了，最後只得請董事長徐旭東幫忙，親自出馬前往北京拜訪當時的副總理朱鎔基。朱一聽說張是湖北人，第一句話就說：「啊，你是九頭鳥！」這個典故出自歇後語「天上九頭鳥，地上湖北佬！」意思是湖北人很聰明能幹。張才雄聽了也幽默以對：「幸虧我是『湖北佬』，否則，我還到不了您這兒來呢！」終於，亞泥搶在免稅優惠取消截止前，取得了國務院的批文，沒想到，這項政策在取消了幾個月之後竟然又恢復了。只能說世事難料，計畫永遠趕不上變化。

批文到手，亞泥開始籌措龐大的資金。當時，台資企業跟大陸的銀行往來，只能借貸生意週轉的流動資金，無法借貸購買設備的資金。為了尋求金援，張才雄去找世界銀行（IFC，International Finance Corporation）談合作。

亞泥與世界銀行的淵源要從新竹廠說起。早期建廠的資金，IFC不僅提供借貸，還投資了一部分，至今仍持有部分股票，亞泥原本想向他們買回來，但對方因投資亞泥獲利不少，不肯賣，因此多年來雙方一直都有往來。

就在這期間，有次張才雄投宿在江西碼頭鎮的某間旅館時，突然有兩位從中國建設銀行來的人去拜訪他，希望能夠談合作，並考慮借資金給江西亞東。張才雄盤算，依照過去交涉的經驗，如果要跟 IFC 借貸的話，手續比較繁雜，可能會影響設廠進度，於是，他與負責財務的邵瑞蕙討論：「也許可以考慮向中國大陸的銀行借貸看看。」隔天，邵即前往南昌市拜訪中國建設銀行及其他幾間銀行。結果，中國建設銀行表現得最積極，馬上由北京總行組成團隊，交由一位從美國留學回來的年輕人負責，此人思想非常開放，並且對水泥業有一定的了解，他與張才雄溝通了許多建廠的想法，雙方都留下深刻的印象。最後，江西亞東成功地向中國建設銀行借貸了人民幣七億元資金，不但大大降低了投資建廠的成本，未來想擴廠也有後盾。

■九八大水災

每臨夏日，長江上游的高山積雪融化，大量雪水往下游狂洩奔騰，常會形成所謂的「洪水期」，對下游地區形成威脅。建廠之初，張才雄即未雨綢繆：「萬一長江決堤，我們要有降低嚴重損失的準備。」由於江西亞東廠址位於地勢較低的魚塘區，因此他決定要將生產廠區的地層墊高，以保護機器設備。光是這項工程，就花了近兩年的時間，耗費了很多成本。

果然，水泥廠尚未竣工，就遇上了「九八抗洪事件」。

一九九八年夏天，連續暴雨狂襲江西，長江水位暴漲，洪峰拍擊堤岸，景象怵目驚心，有些土堤不夠堅固，遭滾滾流水不斷沖刷淘空基底，九江有一段堤防，眼看就快要決口，市政府緊急拉來一條運煤船，把它鑿沉擋在缺口，旁邊再用人工沙包堆疊；而連日暴雨，在市區內造成澇患，積水在堤防內無法宣洩，「外洪內澇」夾擊，無情洪流淹沒了大片民宅，奪走了許多無辜市民的性命。

雖然張才雄在建廠時已考量到洪水問題，最重要的生產機器設備都放置在高處，安全無虞，但廠內地勢較低的地方卻難逃水患，眼看水位一寸一寸地高漲，大夥的心也愈來愈惴惴不安，好在後來洪水逐漸退去，沒有造成太大的傷害。但因全市物資缺乏，飲水遭受嚴重汙染，員工只能吃泡麵果腹，還不時瀉肚跑廁所。那時，張才雄因有急事要趕回台北，不得不脫下鞋襪，赤腳涉水好長一段路，上了火車時全身幾乎濕透。那狼狽情景如今回想起來仍然歷歷在目。

鐵路與供電

張才雄觀察力比一般人敏銳。剛到江西時，他就發現水泥同業大多採取鐵路或卡車運輸，很少利用長江水運，因此，他也曾考慮用鐵路運輸。江西廠附近雖然有鐵路，但是想要利用卻不容易。

水泥廠的貨很多，噸數又大，就算能拉支線、申請到車廂，卻不能保證擁有專屬的使用權，有時還得跟其他企業輪流使用，限制太大。而且，除了火車頭、車廂、調車場以及日後的維護費用外，還要考慮將來可能會不斷漲價，增加運輸成本等等，有太多不可掌控的變數。經過通盤研究評估，張才雄決定捨棄鐵路運輸。

供電是另外一個問題。江西亞東廠附近有座小變電所，但對用電量超高的水泥廠來說，實在不敷使用，還常常停電，如此一來，就會造成停窯的莫大損失，亞泥於是向官方申請新蓋一座較大型的兩百二十千伏的區域變電所，除了輸電給江西廠內自行設置的一百一十千伏小變電所外，也可以將電壓送往其他小變電所，供給在地居民使用。但供電局要求這座大變電所的建置費用，全部由江西亞東負擔。這樣一來，亞泥得多花好幾千萬人民幣，不得已，張才雄向江西省政府求助：「江西亞東廠內小型變電所的建置費我們自己出，但是區域大變電所的建置，是供給大家使用的，不該由亞泥負擔。」經過一番據理力爭，終於解決了電力的問題。

「對於亞泥，長官有嚴令，如果有人想吃唐僧肉（從中獲取好處和利益），就是撤職嚴懲！」當時協辦亞泥建廠的地方官員回憶：「亞泥籌備處就在農業銀行樓上，晚上大家都睡了，他們的燈還亮著，假日大家都休息了，他們還在工作，無論是探勘、測量，風裡來雨裡去的，從來沒有聽他們喊一聲累。」亞泥人的拚勁與團隊精神，當地官員都看在眼裡，他們既感動又佩服，常常發自內心地主動提供協助。

也有官員提到：「張董事長（張才雄擔任過大陸各廠董事長，當地人習慣如此稱呼）那麼大年紀，卻總是帶頭上山下海、隻身一人飛來飛去，很令人尊敬，所以省府、地方單位只要聽說他老人家要來，都會事先開會做好準備，不敢隨便敷衍了事。」。

回憶起那些刻苦的奮鬥往事，張振崑幽默地說：「當初大家離鄉背井，為的就是要建廠，工作第一，下了班也不知去哪。後來江西廠蓋好了，廠裡的生活環境又那麼舒適，就更不想出去了，於是就成了『白加黑，五加二』（白天加黑夜，每周工作七天），不用下班，以廠為家了！」這雖是笑話，卻如實道盡了建廠時期團隊夜以繼日埋首工作的辛勞。

■長江水運成功

長江是中國大陸最大的內河，行經十九個省、直轄市、自治區，綿延六千三百多公里，是亞洲最大、全球第三大長河。沿江地區人口密集，航運業發達，被譽為「黃金水道」，它不但是中國大陸最有經濟價值的河域，也是近年來全球內河航運最繁忙的水域。但是，外商想要插足經營幾乎不可能，張才雄鎖定這條東西大動脈來發展中國大陸市場的戰略，其實面臨許多挑戰。他常常一個人獨坐江邊，望著這條滾滾巨流，沉思著要如何布局。

有一天，他搭船沿長江考察，眼看一路「上水貨多，下水貨少」，他靈光乍現：「可以利用便宜的『回頭船』運水泥到下游城市啊！」這樣一方面可以省下運輸成本，又可以擁有穩定的貨源作為籌碼，與國營的航運集團洽談合作。

適時，長江港口鏈最大的廠商「長江航運集團」高層來台灣訪問，他透過安排參觀了亞泥花蓮廠，以及亞泥一號水泥專用散裝船，全程由張才雄親自接待。「我們的水泥廠乾淨又漂亮，希望能夠利用長江水運，建造水泥專用的散裝船，達到運輸過程不落灰的目標。」最終，張才雄的誠意獲得了長江航運集團的支持。

二〇〇〇年，江西亞東與長江航運集團合作成立「長亞航運公司」；二〇〇三年，建造了大陸史上第一艘全密閉自航自卸式的水泥專用散裝船，運送過程完全看不到灰塵。以往中國大陸水泥大都是採取駁船式運輸，由一條拖輪掛著一、二十艘駁船，若從江西運送到上海，大約需要九天時間，航速不但緩慢且灰塵滿天，大批船身占據江面也十分危險；但採用全密閉自航自卸式的水泥專用散裝船，同樣的航程只需三天，足足省下兩倍以上的時間與耗油等成本，而這艘水泥專用散裝船，不但開創了中國大陸水泥業邁向環保運輸的新頁，也引起同業紛紛效法。

江西亞東還同時租下港邊水域的錨泊地，免費提供給準備裝卸貨的船隻停泊，避免擠在港口排隊，影響觀瞻及工作效率。因為種種先進的規畫，使得小小的碼頭鎮港口年吞吐量超過兩千三百萬噸，成為長江沿岸運輸量最大的港口之一。

由於長亞航運帶起了示範效應，長江航運集團如今也已經全面淘汰駁船式運輸，改成自航式散裝船，大大降低了碳足跡；而長亞航運也因為有亞泥提供穩定的貨源收益，成為持續獲利的公司，張才雄也一直擔任董事長至今。

終於開窯了

二〇〇〇年九月，江西亞東第一號窯竣工投產，由董事長徐旭東主持開窯典禮，當長達十米的點火棒引燃熊熊烈焰時，也點亮了亞泥在中國大陸擴展版圖的新時代。之後，亞泥在中國大陸所建的每一套窯，都是由徐董事長點火開窯，同時在籌建期間，他經常前往視察、鼓勵大家，協助解決問題，給予張才雄最大支持。

開窯典禮上冠蓋雲集，包括國台辦副主任李炳才、江西省委書記舒惠國、省長舒聖佑、省台辦主任崔琳、建材局長丁友陶、瑞昌市長艾宏盛及碼頭鎮書記曾憲奎等高層官員都來觀禮，場面非常盛大，這些貴賓，在江西亞東建廠期間不僅熱心提供援助，也協調解決土地、礦源、稅務等各種問題，他們都是張才雄口中的貴人。

看著江西亞東有著最現代化的設備、生產最好的水泥，廠區花木扶疏，生活休閒設施規畫完備，這座不冒灰、美如花園的水泥廠，讓與會者無不驚嘆連連、不斷誇讚：「江西亞東廠是水泥業的典範！」也有官員難掩內心澎湃：「江西廠讓我們見識到，什麼叫做水泥工藝！我們原有的水泥廠是勞動密集的工業，亞泥來了以後，從環保、品質到設備都是我們學習的目標，更是帶動瑞昌市及碼頭鎮邁向工業城鎮的先驅。這個團隊經營企業的文化，讓我們耳目一新，也看到未來工業化和城市化的方向。」

歷時五年的漫長建廠歲月，看著江西廠從一個近乎荒廢的魚塭區，一點一滴開發成為如今的現代化大格局，張才雄深深領悟到：沒有做公關，就等於做公關，做事認真一點，人家就會多相信你一點。他在典禮上心存感激地向與會貴賓表達：「今天我們以瑞昌為家，他日瑞昌以我們為榮。」

這是一次成功的遠征！董事長徐旭東對於江西廠區的規畫非常滿意，

也欣喜亞泥能夠從此拓展中國大陸的版圖，他除了公開表達鼓勵與肯定外，還特別寫了封感謝信給張才雄。

徐董事長也曾提到，當初去江西考察，看到廠區位置偏僻，沿路都是田地，房子不多，而且大多是磚砌的，他不禁納悶：「這種地方怎麼能建廠？水泥要賣給誰呢？」雖然有疑問，但他認為既然是張才雄的決定，那麼應該沒什麼問題！沒想到，江西廠投產後不久，水泥很快就售罄，價格也很好，原來張才雄已預先在武漢和上海布局，徐董事長因此非常讚賞張才雄的才幹與遠見。而江西亞東廠的成功典範，也成為亞泥陸續在四川、湖北推動建廠最有力的說帖。

「這都是團隊合作努力的成果，一路走來，無論遭遇多少波折，我總是鼓勵這些夥伴：『輕言放棄，就不是亞泥人。』他們也都是幫助我的貴人，是一起完成建廠的推手。」想起那些跟著他遠離家園到大陸拓荒的同仁，年逾九旬的張才雄眼神裡充滿無盡的感激。

■只要「洋房牌水泥」

早期江西的水泥需求不大，除南昌及九江市之外，其他地區用量很少，如何拓展市場，張才雄早有準備，江西廠一開工，他便開始籌建武漢研磨廠及上海中轉站，同時布建沿江沿海的銷售點，所以，江西廠有八成以上的產量，就是利用長江水運銷往外地，而業務團隊腦力激盪出的「店點策略」行銷模式，也是成功的關鍵。

萬事起頭難，江西亞東初期也曾面臨行銷危機！當年負責業務的林昇章回憶：「剛開始的時候，我們沒有人脈關係，且每個縣市都有附屬的水泥廠，很難跟當地的老廠競爭。再加上地方保護主義，亞泥拿不到各種優惠措施，很多工地都指定用國營水泥廠生產的水泥，市場根本打不進去。」那時剛投產不久，又適逢年假長休，水泥賣不掉，他和總經理彭學仁兩人常常半夜睡不著覺，愁眉相對，心裡想的都是同一件事：「再銷售不出去就得停窯了！」

所幸，張才雄的長江水運策略，讓江西亞東挺過那段青黃不接的時期，沒有多久，就達到全產全銷。「水泥的運輸方式，決定了成敗。江西廠投產時，中國大陸的『海螺水泥』等大廠還在靠火車運輸水泥，而我們卻已利用長江水運的優勢，打下了寧波、台州、溫州、福建及舟山等市場，這些地區的水泥廠都遠在數百公里之外，用卡車運輸每噸要一百元人民幣，當然無法跟我們每噸五十元人民幣的水運競爭！」林昇章說。

除了外銷，「店點策略」對於市場開發也發揮了很大的效益！那時，中國大陸水泥有一種很特殊的銷售方式「門店」，就像雜貨店裡什麼都賣，於是江西亞東採取地毯式的各個突破，一方面花費兩百到三百元人民幣租下店面，大打「洋房牌」品牌廣告，同時舉行商品發表說明會，多給廠商一些誘因，包括經銷商代理權等。由於品質遠比當地品牌好，愈來愈多廠商都指定要「洋房牌」水泥，市面上還一度有「洋房牌水泥可愛又可恨，因為常常買不到」的說法！那種銷售盛況讓林昇章如今回想起來還很得意。「洋房牌」水泥就這麼打響了名號，日後連江西新機場、四川、湖北機場等興建大案，也都指定使用「洋房牌」水泥。

現今碼頭鎮白楊中轉站，有一條通往江西亞東廠的公路，那是江西亞東捐建的，用了二十年也不壞，但是附近當地自建的公路，卻是三天兩頭就得挖路整修，走起來顛顛簸簸，很多人就說：「不用看路名，只要開起車來覺得舒坦平穩，就知道那條路是江西亞東造的。」

■「設計團隊」決戰「turn-key」

「江西亞東廠從設計、設備到生產技術，都是世界一流的。」負責建廠的張振崑分析，當時中國大陸的水泥廠，都是委託公營的「設計院」統包籌建，採取整廠輸出的「turn-key」方式，但是，那樣的品質絕對達不到亞泥要求的高標準，因此亞泥從一開始就有自己的「設計團隊」，從籌畫到建廠，採取「點菜」方式進行，亦即主要設備選購自國外最頂級的，再搭配其他在地能製造的，形成最好的組合。「水泥是一貫化的自動生產，環環相扣，自己的設計團隊要夠強，才能『技壓老外』，懂得如何選購。像德國或丹麥的大廠設備進口後，都會派設計專人來負責組裝，但萬一日後出了問題，誰能維修？」

張振崑說：「早期花蓮廠建廠時也曾選擇國際知名品牌全套設備，但當時廠長張才雄就要求我們不斷跟那些外國專家開設計會議，從中學習『知其所以然』的技術精隨，甚至，派我們去德國大廠，實地了解水泥廠的建造過程，後來才能集二十多年國際經驗之大成，在中國大陸靠自己的能力建廠。」

張才雄觀察到，同業都是使用長窯，亞泥則率先將短窯引進中國大陸，之後亞泥在中國大陸的每一套窯都是短窯，而且不斷更新最好的設備，生產效率傲視同業。一般水泥廠運轉率是每年三百天，亞泥廠卻可以達到每年三百四十天，原本設計日產能四千兩百到六千噸的窯，實際上卻可以有五千到七千五百噸的產量，超產率達百分之二十；不僅如此，同業的窯歲修需要三到四次，亞泥（中國）的窯只需歲修一次。

但是，短窯需要很好的操控技術，否則容易出狀況。身為技術總監的張振崑很明白肩上扛的重任：「我們必須要在水泥工藝上，不斷創新再升級，才能拉開與其他同業的距離，替自己創造藍海。」他形容水泥是「粗中有細，過程決定成敗、細節決定品質」的工業，因此，亞泥研發很多領先同業的技術，例如砂岩單獨分磨技術、雙向輸送帶以及預熱或冷卻系統等，甚至橘色時尚的設計感、外加窯棚等設備，在在凸顯亞泥（中國）水泥窯的潔淨與美麗。

■打造水泥廠典範

走進江西亞東，彷彿置身世外桃源：現代化的清水模辦公大樓坐落蒼翠綠意中；登山步道、楊柳池畔美不勝收；籃球場、羽球場、網球場、視聽設備……各種運動娛樂軟硬體設施都讓同業望塵莫及。

清水模辦公大樓是徐董事長的傑作，內凹型的屋頂設計，可以讓更多的陽光照進來，將節能與環保的理念，落實在日常生活中。當年負責管理規畫的彭學仁也舉例：「我們不但垃圾不外流，全部自行處理，同時還要求同仁不要浪費食物，從自助餐檯取用的食物，都要吃完，否則就要罰錢，規則訂得嚴，卻從來沒有人被罰過。」當初為了落實政策，他還在廚餘桶旁站崗好一陣子呢！

張才雄很喜歡在池塘邊散步，「當初想要規畫這個池塘，是因為廠區本來就是由魚塘整建而成，當時的省長舒聖佑也說過：『你們在廠裡蓋魚池，將來我退休了，可以去釣魚……』不過，舒省長退休了，卻從沒來釣過魚。」每當他緩緩漫步池邊，總會憶起建廠時期的各種艱辛，以及曾經幫助過他的貴人。

廠裡還有一個別具意義的地方，就是創辦人的紀念銅像。「大陸設廠是創辦人的心願，但是江西建廠完工不久，他就過世了，來不及看一眼，因此在辦公大樓旁，特別闢了一個地方紀念他，每次來，都讓我緬懷很多……」鋪滿鵝卵石的地面，必須小心翼翼踩過，張才雄幽幽地說：「這是董事長的建議，代表著創辦人擴展事業版圖歷經顛簸，也象徵著亞泥在中國大陸建廠步步艱難的歷程。」

江西亞東廠的規畫概念全是移植自花蓮廠，整個團隊都是跟著張才雄漂洋過海一同打拚的夥伴，因此，他希望把台灣工作和居家的環境搬過來，撫慰這些異鄉遊子的心。日後在四川、湖北等地的工廠，也全是照著同一個模子刻出來。除了悉心照料自己的團隊，張才雄對在地員工也不吝付出：「我希望提供當地人很好的工作和生活環境，當初就預留很多停車位，一開始他們都是停放腳踏車，但現在的轎車停車位都不夠用了。」能夠慢慢改善員工的經濟環境與生活水平，張才雄很欣慰。時任碼頭鎮書記的曾憲奎也說：「當地人能在亞泥上班，不只是很幸福，也是一種榮譽！」

江西亞東不僅照顧自己人，也努力回饋地方。廠區附近有一所小學，缺乏教育及重建校園的經費，亞泥獲悉後，不遺餘力大手筆捐助，後來學校興建完成，主動將校名改為「江西亞東希望小學」。建校完成後的那幾年，每次張才雄回到江西，都會去看看那群喊他「張爺爺」的可愛孩子們。

江西亞東廠開窯不久，中國大陸經濟起飛，水泥需求暢旺，大陸公營水泥廠「中國海螺」也準備在江西廠的附近建窯，但瑞昌市政府承諾江西亞東在先：「如果要擴建，會給予優先權。」為阻止海螺的建廠計畫，江西廠因而將三、四號窯的擴建時程提早。那時，張才雄剛生完一場大病，準備在江西蓋完兩套窯、二〇〇三年八十歲時退休，他連辭呈都遞上去了，但是徐董事長再三慰留：「你做得很好，中國大陸市場剛開始，我需要你……」

信任，是不必道破的相知相惜與濃濃情感，張才雄心存感激，立即投入籌建江西三、四號窯，同時布局四川、湖北。二〇一〇年，張才雄在江西完成第四號窯，也陸續在四川蓋了三套、湖北兩套及黃岡一套窯，合計十套窯。大陸的水泥市場，也從江西亞東完成第一套窯的二〇〇〇年五點八億噸，一舉躍升至二〇一〇年的十八點六八億噸，成長有兩倍多，是發展最快的「黃金十年」。

無獨有偶，後來「紅獅水泥」也想來江西設廠，預定的廠址就在江西亞東廠的附近，環評也通過了，但是因為江西亞東在此區域設廠已十餘年，並且在環保、稅收、就業及促進經濟發展等各方面，都有很大的貢獻，是政府標榜的模範企業。因此，在這個項目上，如果江西亞東願意再擴大生產規模，政府將優先給予支持。於是江西亞東又另外擴建了二廠，興建第五、六號窯，合計六套窯年產能達到一千四百萬噸（相當於台灣一年的需求量），成為江西省最大的水泥生產基地。

■第一次開刀

在江西建窯的時候，張才雄發現自己腸胃不太對勁，但是他並沒有太在意，因為一直以來消化系統就不太好，還是胃潰瘍的老病號，不舒服時通常吃了藥就好些，他去醫院做檢查，也沒有發現異狀。但本來就很纖瘦的他，體重卻從五十五公斤一路掉到四十六公斤，吃藥也沒效。趁著江西廠還沒開窯，張才雄回到亞東醫院做深入檢查，安排照X光及腸胃鏡等。第一次檢查大腸鏡時，只深入了八十公分左右，並沒有看到什麼，張才雄以為沒事了，就回到江西準備開窯。

二〇〇〇年十月，江西廠完成開窯，投產運轉上了軌道，張才雄還是覺得身體怪怪的，於是再次返回台灣檢查。這回，大腸鏡試著深入到一百八十公分，果然，發現有一個膿包，檢查過程中，為了慎重起見，張才雄並沒有上麻醉藥，他強忍著劇烈的脹痛與不適，靠著過人的忍耐力和意志力支撐著。不料化驗之後，確定是大腸癌，所幸發現得早，醫院立刻安排開刀。

徐董事長聽聞消息後很緊張，特別在開刀當天清晨六點趕到醫院，親自推著張才雄的病床進開刀房，一直等到他開完刀，親眼看到切下來的那節壞腸子後才離開。原本，張才雄想出院後，就要提出辭呈，但看到徐董事長對他如此情深義重，他怎麼好意思開口呢？開完刀休息不到一個月，他又飛回江西廠繼續打拚。

隔年四月他回到台灣複診，發現在舊傷口附近又長出兩顆小瘜肉，醫生擔心發炎或轉成癌細胞，為求慎重起見，馬上進行切除，而且還剪得特別深一點。處理完後，醫生也沒有特別叮嚀他飲食要清淡，不能運動等等。張才雄術後便返家休息，當晚，他按往常習慣吃了一碗麵，隔天早上起床，覺得前一晚的麵還沒消化，但他不以為意，中午時又吃了一碗麵，然後就到住家附近的公園散步。走著走著突然覺得肚子愈走愈疼，那種撕裂般的劇痛，是從來沒有過的。張才雄馬上被緊急送到亞東醫院，還吐得一塌糊塗，剛開始以為是腸沾黏，但主治醫師覺得不像，推測可能是腸子破裂，當下的情況非常危急，若不立即開刀，轉成腹膜炎就糟了。

果然，當初開刀的腸子裂開了，他吃的食物都還殘留在裡面。術後主治醫師跟張才雄開玩笑：「我用了三桶水幫您清洗腸子，保證絕對乾淨。」這次住院的時間很長，全身還插了很多管子，根本無法進食，再堅強的意志與鋼鐵般的身體，也禁不起病痛與手術一再地折騰，更何況，當時他已經七十七歲高齡了。

第十二章 前進天府之國

張才雄對於建廠，始終堅持用最新、最好的設備，雖然剛開始成本比較高，但以長期的維修費用來說，仍然是值得的，不但可以提高生產品質，同時可以防患未然，像是提高防震設備等級等，都在汶川大地震中，得到最好的印證。而在前進四川的過程裡，縱然波折重重，命運多舛，但張才雄靠著明智的決策與團隊力量，一一突破危機「逆轉勝」！

■「飛來峰」礦區

江西亞東建廠成功，成為江西省政府的宣傳典範，吸引來自各方同業的參訪，其他地方政府也積極爭取亞泥前往設廠。二〇〇四年，八十歲的張才雄應邀前往四川考察。

相隔近一甲子，老遊子重返故土的第一站就是重慶萬縣。那裡是他青澀少年的記憶、是逃難落腳過的他鄉，也是父親埋骨的傷心處。近鄉情怯，美麗的油桐花依舊處處綻放，只是人事已非。萬縣官方很有心，特意帶他去尋找父親的墓地，但是墓碑早就不見了，幾番苦苦尋覓，終於在一戶人家的台階上，發現了半塊，碑上還依稀可見父親的名字，但另外一半卻找不到了！後來才知道，那另外半塊被當地人拿去搭橋了；他也重回當年工作過的成都蒲陽場的老煤礦探望，結果發現，六十年前親手參與打造的煙囪還在使用呢！那因兩岸分隔而遺失的長長歲月裡，有悲傷、有驚喜，張才雄感慨萬千。

探勘還是此行最重要的目的。萬縣雖然臨長江，卻因為灘淺，隔深水區遠，未來輸送的棧橋得搭很長，投資成本會增加，張才雄考慮後覺得不適合而作罷。後來在四川省成都市彭州，找到非常好的礦源，也就是「臥牛坪礦區」。

這個區域俗稱「飛來峰」，指的是從他處「飛來」的石灰石層山峰。因為地球板塊的移動，將原本埋在地底下的石灰石礦，整個翻轉上來，成為很特殊的一種地質型態。

水泥是一種價格不高卻很笨重的產品，因此運輸成本要仔細考慮。四川缺乏水運，水泥運輸都要靠陸運，成本很高，基本上銷售半徑不超過三百公里，屬於封閉型的市場，外面的水泥進不來，裡面的水泥也出不去，所以，工廠必須要設立在人口眾多的大城市附近，才能有長期穩定的市場。四川省提供給亞泥的彭州市廠址，是屬於省會成都市的轄區，距離成都市區只有大約四十公里，成都市是中國大陸「十一五」計畫重點發展的內陸城市，舉凡鐵路、公路、機場、水利發電、鄉村城市化等，都需要用到大量的水泥。

成都市人口有一千六百多萬，每年約有兩千萬噸的水泥需求，但成都市附近，有不少是生產技術落後的老立窯，汙染大、品質差，短期內都將面臨淘汰的命運，成都市水泥產能將遠不敷市場所需，種種有利條件，讓眼光精準的張才雄，看到了莫大的商機。

正慶幸有了好礦源與好市場，此時卻遇上了SARS風暴，一時之間整個社會籠罩恐慌氣氛，人人自危，徐董事長擔心張才雄飛來飛去有感染的風險，就親筆給了他一封信，下了一道「禁足令」。張才雄心裡很著急，他其實是想趕快飛到四川，愈是這種時候，愈要和前線的同仁站在一起，但徐董事長對他的關心，他也感受到了。

疫病還在肆虐蔓延，絲毫沒有停止的跡象。就在此時，有另外一組人馬，大陸的某間公營水泥公司，正在跟彭州談同樣的項目，甚至已經簽訂合作意向書。張才雄聽到消息，馬上交代時任江西亞東副總經理的方履興：「無論如何，都要在四川建廠。」「你一定要去，建一套窯再回來！」張才雄再三叮囑方履興。這話看似幽默，其實意喻著委以重任與不能放棄的決心。

負責財會的方履興是公關高手，雖然酒量不是頂好，卻常豪氣地跟人乾杯，因此常被人叫做「方大膽」。他銜命前往、多方奔走，拜會四川省台辦、市台辦等官員。

好不容易，透過四川省台辦主任劉俊杰的居中協調，安排亞泥會見四川省的書記張學忠及省長張中偉，這在當時是相當難得的機會，換做現在，同時拜會兩位地方最高官員幾乎是不可能的。張才雄馬上請徐董事長一起飛到四川，參與這個高層級、關鍵性的會談。

會議中，張才雄侃侃表明未來設廠的規畫，並舉江西廠的例子強調：「我們絕不是拿破銅爛鐵來這裡隨便設廠，賺了錢就走。我們保證蓋最現代化的水泥廠，生產最好的水泥。」書記、省長聽了很滿意，更有興趣，並請與會的其他官員表示意見。環保和國土部門官員都表態，全力支持亞泥建廠項目，協助解決相關問題。席間雙方相談甚歡，會議結束後隔天就簽約了，那家公營公司只好黯然退出。

二〇〇四年十一月，「四川亞東」公司成立，亞泥在天府之國的水泥大業就此展開，並先後蓋了三套設備新穎先進的短窯。

最高安全等級規畫

當年中國大陸官方對水泥廠的耐震係數規定是六級，但四川百年來從沒有發生過大地震，因此，當初在討論建廠的耐震度要多少時，著實費了一番心思，後來張才雄堅持應該偏向比較安全的作法，於是參考花蓮廠的經驗，以七級以上耐震度為標準。

因為花蓮地震頻仍，廠區有許多重型設備，廠房荷重都很大，所以必須採取最高安全等級的七級以上耐震度，當初建廠時，耐震係數就比一般水泥廠高了百分之二十。亞泥後來到中國大陸建廠，防震安全等級也都依照此標準，雖然如此會增加很多工程費用。

同時，四川亞東廠房樑柱內的鋼筋連接方式，採取的是德國對接技術，還聘請了德國專家擔任顧問，堅持每位電焊工必須要有專業執照。此外，廠裡還多加一道檢驗關卡，也就是在化驗室裡，架設了測量拉力的機器，可設定預計的拉力，測試焊接後拉力可達到的標準，以確保耐震度，這些工程係由總工程師羅勝宏負責統籌監督。

如此周詳縝密的規畫與品質監控並不是吹毛求疵，因為事後證明：四川亞東廠果然經得起「驚天動地」的考驗。

■最長的輸送帶

對張才雄而言，建廠考量有三要件，第一是礦源品質要好，第二是市場需求，第三是交通運輸。

四川的地理環境多山，成都平原更是群山環抱交通不便，四川亞東一度打算利用當地既有的鐵路來解決運輸問題，那條鐵路環著臥牛坪礦山建置，原本是作為觀光用途，但生意不好，虧損不少，年久失修。官方也希望四川廠可以將之改良後，運送礦山的石灰石，只要拐個彎，就可以連接到廠裡。

不料，四川建廠命運多舛，各種困難接踵而來！中國大陸東北發生了一件重大意外，讓所有計畫一夕之間變了調。

二〇〇五年，吉林一家石化工廠發生爆炸事件，有毒之苯、苯胺、硝基苯等化學物質排入松花江，江水遭受嚴重汙染，汙染物隨江水順流而下，下游的城市哈爾濱有許多人因此中毒，大陸中央政府緊急下令，各省省會城市須設法開闢第二水源。

成都市主要水源是岷江，為了開闢第二水源，好巧不巧，官方就選在「臥牛坪礦區」旁的白鹿河，興建第二座水庫。當時，四川建廠工程才開始，鐵路也正在整修，張才雄接獲這道命令，簡直是晴天霹靂，因為如此一來，原來規畫運送礦石的鐵路路線就會被水庫淹沒，運輸方式勢必要另擇他法。他緊急召集大家，討論幾種方案因應：

第一：另建鐵路。但這個區域山勢陡峭，要重新鑿山洞鋪設鐵道，投資成本會很大，同時還會有噪音問題，將會造成附近居民的反彈，將來會產生很多困擾。

第二：公路運輸，可以利用卡車來載運石灰石礦。但公路運輸的噪音更甚鐵路，即使利用晚上的時間運送，也一樣會干擾居民的睡眠，而且運費十分昂貴。

第三：利用纜車，載運礦石，一個斗子裝一噸。但問題是居民們會擔心在天上來來去去的大石頭掉下來，砸到山下的農作物。再加上運輸的路線曲折綿長，同樣也會面臨噪音的問題。

三個方案都不能採用，眼看似乎到了窮途末路了，這時，張才雄提出了第四個方案：長輸送帶。

輸送帶其實很早以前就有了，剛開始時設計十分簡單，只能走直線，花蓮廠採用的即是早期的直線型輸送帶，遇上需要轉彎的地段，還必須要做一個轉站，再接一條輸送帶，朝另一個方向前進。後來，「會轉彎」的輸送帶出現之後，就不需再利用轉站，即可直接轉彎。

張才雄想起，大約在一九七九年，他為了開闢亞泥的環島海運工程，曾到瑞典去考察水泥專用的散裝船，恰巧在馬爾默港（Malmo）看到會轉彎的輸送帶正在試車，吸引很多人好奇圍觀，馬爾默港是曲線形的港灣，輸送帶也能夠轉來轉去運送包括水泥等各種貨物，因此，他對這條「會轉彎」的輸送帶，印象非常深刻。

四川廠若要建這條長輸送帶，寬度和鐵路差不多，路徑要依傍深山而行，不僅機械構造上新穎，而且工程浩大艱難，好在，官方抱持贊成的態度。

但大膽地做出這個重大決策後，張才雄的心裡卻開始七上八下，擔心起一些不可預測的危險：「如果輸送帶無法負荷礦石重量？如果運送過程發生故障？如果……」有太多太多的未知數，讓張才雄胸前像是壓了一塊沉重的大石。

四川多霧，天空總是灰濛濛的。張才雄每次攀上高處，勘查輸送帶建置地形時，總是霧鎖山巒，看不清前路。有一日，終於晴朗無雲，他沿著輸送帶規畫的路線研究礦區的地形，當陡峭嚴峻的山勢清晰地出現在他眼前時，他心裡的擔慮更加深沉了。

「萬一山壁土石坍塌，會擊中輸送帶造成毀損！」為了降低風險，他決定在山勢險峻或容易坍方的地帶做擋牆。由於輸送帶是架高的工程，需要許多支柱撐起，擋牆的作用即是保護這些支柱，一旦土石沖壓下來時會分散衝擊力，不會直接撞擊到輸送帶的支柱。後來汶川大地震發生時，果然這個擋牆就發揮了很大的作用，讓施工中的長輸送帶未受影響。

礦山離廠區將近三十公里，最初的輸送帶規畫，並沒打算從礦山直通廠裡，而是在中間的關口地區設轉運站。當時關口有一條石化專用鐵路可到成都，給乙烯廠使用，因此，四川廠原本打算拉支線進廠裡，解決運輸問題，但後來還是捨棄了，原因是，鐵路並非由亞泥所掌控，價格變數太多。再者，為了不影響居民安寧，鐵路在晚上十點至早上六點之間必須停駛，但水泥產量很大，每天火車運作的時間至少要二十個小時，一定會占用到晚上的時間。最後一個考量的關鍵是，如果使用石化專用鐵路，就必須以運送乙烯的貨物為優先，這樣等於受制於人，再加上運載量也會受限，恐怕無法負荷將來建三套窯的產量。而且幾經連絡，始終找不到對口的人，根本無從談起。

設中轉站的計畫行不通，乾脆自己再蓋一條長輸送帶，從關口轉運站拉到廠裡。如此一來，整條長輸送帶分成兩段，前段的一號輸送帶長達十二點六一三公里，中間透過關口轉運站，銜接長達十三點六公里的二號輸送帶，兩條輸送帶加總起來超過二十六公里，以總長度來說，是中國大陸「最長的輸送帶」之一，其工程的艱難度，也足以名列中國之「最」吧！

■騾子部隊

這條超長輸送帶，得依深山峽谷不同地形而建，為確保輸送帶的穩固性，基礎的每根支撐柱，都需要灌入混凝土，一旦碰到峽谷、河川等高度起落時，跨距就會比較大，上面的結構就得要更穩固粗壯，否則容易坍塌，整體工程非常浩大，建造費用相當可觀。但真正讓張才雄擔心的，並不是決定要採取哪種運輸方式，而是決定做這條長輸送帶之後，工程上所面臨的一連串磨難與考驗。

由於輸送帶工程分布在尚未開發的崎嶇山巔，沿途完全是高山峻嶺荒陌野徑，而輸送帶所需的機具零配件及材料，包括水泥、砂石、滾輪、槽鐵、鋼構等，都非常沉重，車子根本載不上去，人力也扛不了，最後只能雇用一批「騾子部隊」，將建材運送上山。

騾子是當地特有的交通工具，每匹騾子背上可以扛兩大袋建材，跑了一段路之後，牠們會集體在中途停下來休息，然後很有次序地繼續完成任務，遠遠望去，這批「騾子部隊」勞役負重，來回穿巡陡峭嚴峻的山林裡，場面非常壯觀，也是這條長輸送帶幕後最大的功臣之一。

騾子都如此辛苦，人就更不用說了！當年負責施工的副總經理俞劍屏忘不了那艱險的景象，工作人員必須揹著器材，像「蜘蛛人」般手腳並用地拉著一條繩子，攀岩走壁地才能爬到高處，將騾子送上山的機具進行焊接、安裝及灌漿等後續工程；又必須像「地鼠」般地遁地挖洞做支柱，每根支柱的地下基礎最少有四個孔，最大的則有九個孔，孔深最淺的也有十公尺，最深的更超過二十公尺，一個一個孔洞都要靠人工去掘石剷土，每天都動員五、六百人施工，那工程之艱辛浩繁與漫長，有如築一條現代萬里長城。

以第一條長輸送帶來說，由於環繞高山峻嶺，跨過懸崖瀑布與溪流，有的跨距超過六十公尺，光混凝土的支柱就有一百五十根，每根支柱的高度又逾七十公尺，那施工的難度遠遠超過架設纜車或高山電線，而且，長輸送帶的荷載量每小時必須超過兩千噸，旁邊還要預留人員巡邏的走道，遠遠望過去，這條輸送帶就像一條盤踞山巒的雄偉長龍！

建置長輸送帶還面臨到另一個大難題：拆遷。「線型拆遷是最難的，長輸送帶綿延逾二十六公里，拆遷補償超過兩千戶，還牽涉到電線線路、軍用線路等問題……」當初負責溝通協調的方履興說，那複雜及麻煩困難的程度，真是一言難盡。

出乎意料的是，二〇〇八年汶川大地震後，四川官方以賑災重建為優先，在成都市另闢第二水源、建立「關口水庫」的計畫也喊停。當初就是因為水庫而打亂了四川廠的鐵路運輸計畫，改成自建長輸送帶，如今水庫竟停止興建，老天真是開了四川廠一個最大的玩笑。

不過張才雄說：「當初會選擇離礦山較遠，離市場較近的彭州市郊區設廠，主要著眼點就是有觀光鐵路可以運輸，否則，就有可能選擇離礦山較近的地方設廠，若果真如此，廠房就會因為太接近汶川震央，可能造成莫大的衝擊損壞；但若是採用了鐵路運輸，又會受制於他人，沒完沒了……」

不論如何，只能說，種種的陰錯陽差像蝴蝶效應一般，牽繫著四川廠奇妙的命運，也因此逃過了一場可能的浩劫。

歷經各種艱難，四川廠的第一條長輪送帶終於在二〇〇九年完工，總共耗時三年，而第二條長輪送帶則於二〇一二年開始興建，並於二〇一五年完工啟用，因為運送礦石的效果很好，四川廠的運輸成本也大幅降低。「建造長輪送帶是正確的決定，長期來看，那是值得的投資。」張才雄說。事實也證明，張才雄的策略十分正確。

■大地震與香港掛牌

二〇〇八年，整合亞泥在中國大陸的水泥相關事業群所成立的控股公司亞泥（中國），準備在五月二十日於香港掛牌上市。為了與投資銀行、法人、媒體舉辦說明會，張才雄與吳中立（時任江西亞東總經理）、邵瑞蕙（時任財務總監）等人提前到了香港。

五月十二日下午兩點多，徐董事長剛抵達香港正要下飛機，而張才雄則忙著和許多銀行研究員在商談上市事宜時，突然，現場傳來消息：四川汶川發生芮氏規模八點二的大地震，死傷慘重！張才雄當下腦筋一片空白：「糟糕了！糟糕了！」緊接著一連串的問題像炸彈般狂襲，眾人不斷追著他詢問四川亞東廠的狀況。

第一時間，他接到了張振崑的電話，表示初步判斷廠裡應該沒有受災，但很多災損問題並不是馬上就能看得出來的，張才雄心中還是焦急萬分，會議一結束，就想要趕回成都廠。但是當時情況混亂失序，從香港飛往成都的飛機，都是以運送救災物資為優先，根本買不到票，幸好，從武漢飛成都的航班還有機票，不得已，他在十三日先飛抵武漢，十四日再由武漢轉往四川。

在武漢候機室漫長的等待時間，張才雄的心惴惴不安，他反覆思考：「要怎麼應付水泥供應呢？」「一定會被問起水泥價格……」縱然一堆問題排山倒海而來，但他心中已有定見：必須要維持震災前，每噸五百元人民幣的價格，救災優先，絕對不能發災難財！這樣的想法也獲得徐董事長的首肯。

一路奔波趕回廠裡，張才雄要工作人員再仔細檢查一遍，結果發現廠裡僅有一些小損傷，很快就修復了，當他走進辦公室，看見原本掉下來的天花板已經裝了回去，生產線也毫無影響，他形容內心那股高興的勁兒啊：「可惜我不會唱歌，不然，我一定會唱首歌。」

當時，一號窯已經投產，二號窯已屆竣工準備開窯階段，確認所有狀況都沒有大礙後，張才雄打電話向徐董事長報告：「廠裡一切完好，只有一些小損傷，很快就可以修復。」本來徐董事長擔憂不已，一直詢問狀況，聽到張才雄的話，也就安心了。

至於成都市其他的水泥廠，全都受損停窯，無一倖免，只有四川亞東的生產線能夠正常運作。這要歸功於當初設廠時，張才雄堅持採用最高安全等級的耐震係數，才能經得起這次的考驗。

雖然廠裡受損不大，但是因為當地的供電系統被震壞，機器一時也啟動不了，幸好隔天就復電，一號窯馬上恢復生產，及時供給災後重建所需。

五月十九日，距離亞泥（中國）股票在香港上市還有一天，張才雄看到一號窯已經開始烘窯，溫度漸漸升高，他的一顆心也終於放下：到了這個階段，應該不太可能再出問題了！他匆匆趕去香港，準備參加隔日的上市典禮。飛機一落地，張才雄就被記者團團圍住，有位女記者語氣特別凶悍：「你認為窯一定可以開出來嗎？」張才雄很肯定回答：「一定可以開出來。」女記者逼問：「假使開不出來怎麼辦？」張才雄原本想開玩笑：「如果開不出來，我就去跳海。」但後來他還是回答：「不然這樣好了，我把四川廠控制室的電話給你，你可以立刻打電話問他們，現在是什麼情況？」那位女記者真的打電話過去了，得到的答案是：窯已經開始進料了。

五月二十日早上八點，汶川大地震後第八天，四川廠的熟料燒出來了，李子明（江西亞東祕書室主任）等在熟料出口處拍了影片，傳給香港記者會現場的眾多媒體看，張才雄開心地說：「我說會開窯，就真的開了嘛！」

上午十點，香港股市開盤，亞泥（中國）的掛牌價格是四塊九毛五港幣，當天就狂飆到八塊，暴漲了六成。

其實，要在二十日準時開窯並沒有那麼簡單，但在那個關鍵時刻，大家都沒有別的想法，只有拚了命盡最大努力，齊心協力達成任務，因此，張才雄很感謝團隊的努力，也認為自己運氣很好，受到老天的眷顧。

很多同業對亞泥在中國大陸的際遇，以「神奇」兩個字來形容，羨慕中似乎帶了點嫉妒。因為，四川廠一號窯完工不久，成都市政府為了「等量淘汰」問題，將當地四十四家立窯的小水泥廠關掉，減少了八百多萬噸的產能，致使水泥在災前已經供不應求，飆漲到每噸五百元人民幣，是沿海地區的兩倍，那時日夜都有數十輛水泥車在四川亞東廠前排隊，拿現金提貨，簡直蔚為奇觀。

然而接下來四川水泥市場的演變，卻不是張才雄所樂見的。因災後重建急需水泥，四川出現一窩蜂建造水泥廠的情形，但重建工程僅僅花了兩年左右的時間，待許多新窯建成後，救災工作亦差不多完成了，一時間水泥供過於求，導致市場行情一落千丈。汶川大地震，四川亞東廠到底是受益還是受害，就留給歷史評斷吧！

災後重建

地牛翻身重創四川，很多當地人根本從未經歷過大地震，眼見天地劇烈撼動，還不知道發生了什麼事！許多城市瞬間變成一片廢墟，宛如人間煉獄，瓦礫堆裡抬出一具又一具殘缺不全、肢斷腸破的屍體，被活埋或失蹤的人口更是不計其數，死亡人數一天一天不斷攀升，是繼唐山大地震之後傷亡最慘重的一次地震。

面對如此慘絕人寰的災情，在災後重建階段，四川亞東積極投入救災行列。除了捐款一千多萬元人民幣，還將發電設備等出借給當地政府救災使用，並提供水泥，協助搶修斷橋、公路，同時捐助許多物資給災民，徐董事長更安排台灣亞東醫院的醫療團隊，前進滿目瘡痍的災區，提供最直接的援助。

地震震垮了彭州當地好幾所學校，倖存的學生一時也無法上學，一位曾經協助過四川亞東廠的教育局長找上張才雄幫忙，他立刻請示徐董事長，自是獲得大力支持。於是遠東集團與四川亞東廠立即捐資援建「新興亞東小學」，僅僅花了六個月的時間，便完成一座抗震程度八級、占地面積達一萬六千四百多平方公尺，可同時容納六百多名學生的教學樓，還有設備完善的宿舍。四川亞東廠每年除了捐助教育經費外，還培養學童各方面的才藝，定期舉辦美術、音樂與書法等比賽，提供獎助學金，當地人十分感激，張才雄也一直擔任榮譽校長至今。

想當年，台資都在大陸沿海地區設廠，張才雄卻選擇沒人去的內陸，跌破同業眼鏡。二〇〇八年金融海嘯，沿海出現供過於求的「市場紅海」時，亞泥（中國）卻因為競爭者少，成為獲利最高的台資水泥業，同業這時才恍然大悟，不得不佩服張才雄的遠見。而回首四川建廠的種種波折，到後來水泥供不應求的盛況，這一切看似巧合的幸運，其實都是因為張才雄看得比別人更深、更遠，才能成就這天府之國的水泥傳奇！

第十三章

立足武漢三鎮

水泥製程裡，常需要添加一些副料或是現代文明產生的廢棄物，作為緩凝劑，或是藉以產生不同的強度功能，像是鋼鐵礦渣、電廠煤灰及脫硫石膏等，都是和水泥十分「速配」的要角，這樣既能解決環保問題，又可以節省很多成本。在武漢這個最大的內陸城市，張才雄除了大力拓展企業版圖，搶下三個黃金據點外，更以「循環經濟」創造「多贏」，成功地打開市場，也掀起當地水泥業的跟風。

■一頓早餐兩方互惠

在中國大陸各省都有規模龐大的國營水泥業盤據，身為外商的台資企業要拿什麼與「在地老牌產業」拚搏？和大陸官方打交道多年，張才雄有一個領悟：「唯有獲得省級最高領導的支持」才是最好的策略。但是，要如何下好這盤棋，見招拆招？

湖北位於中國大陸中心的水陸運輸要衝，省會武漢更是最大內陸城市，素有「中國芝加哥」之稱，如今更是中國大陸八縱八橫交通的樞紐，建設多，碼頭多，人口也多，武漢可說是極具經濟前景的大都市。亞泥的水泥廠雖然設在江西，但張才雄早就鎖定這個中國最大的內陸市場布局。當初江西廠甫開工，武漢的研磨廠也開始籌建，而且地點選在長江邊，就是要利用水運將熟料運來後，製成水泥，銷售到當地。

二〇〇一年，時任湖北省長羅清泉，積極招商引資，強化產業發展，邀集台辦等其他官員，和張才雄相約，商談水泥廠投資事宜。

當時積極推動武漢市工業城發展的羅清泉，認為水泥是最重要的基本建材，但是當地卻缺乏一座現代化的水泥廠。他聽聞亞泥在江西建立了好口碑，也想移植這樣的成功典範，繁榮地方，於是他請副市長張代重前往江西亞東廠考察。張代重返回湖北後，隨即向省長報告心得：「從未見過那麼漂亮又不冒灰的水泥廠……」就是這關鍵性的一句話，打動了羅省長的心，他馬上展開行動，拿出積極誠意邀請亞泥到湖北建廠。

抓住這個大好機會，張才雄親自向羅省長簡報，並以江西廠為例闡述企業理念：「我們建廠的精神和其他廠不一樣！我們的優勢在於……」張才雄的祖籍是湖北武漢蔡甸，與省長等人言談間互稱「老鄉」，很快地便拉近了彼此的距離。於是羅省長帶著「老鄉」去自己的家鄉黃陂，看看是否適合設廠。

黃陂附近的長江淺灘距離設廠地點有七、八百公尺遠，需拉一條很長的輸送帶，才能將貨物運到船上，又不能把水道挖深，因為上游的泥沙會淤積進來，建廠窒礙難行，張才雄不得不向「老鄉」省長說抱歉！省長是個胸襟寬厚、大器風範的人，雖然被拒絕了，日後還是照樣給亞泥很大的支持。

張才雄再轉往武漢市東北邊的陽邏經濟開發區探勘，陽邏地處長江中游深水港區，可以自建專用的碼頭，利用水運優勢來輸送水泥，地理位置和交通條件都非常好，很快就和官方談好了廠區用地及相關條件。不久，又在黃石市的石灰窯鎮找到了很好的礦源，其石灰石蘊藏量多達一百億噸，是個資源豐饒的「黃金礦場」。

石灰窯鎮是張才雄兒時求學的地方，以前是生產煤炭為主，父親曾經在那裡工作過，不遠處還有個華新水泥廠，是湖北省最大也是歷史最悠久的，孩提時代他還曾經偷偷爬牆進去玩耍呢！就在他十分雀躍能回到故鄉建廠時，意外再度來敲門！

所謂：「臥榻之下，豈容他人酣睡」。亞泥的採礦計畫本來已經通過，也約好了與官方會談的時間，但張才雄到達當地後，所有官員卻推說臨時有事不能來。正摸不著頭緒時，黃石市的石灰窯鎮就被地方政府規畫為「生態保護區」，禁止他廠來採礦、設水泥廠，如此一來，亞泥的「黃金礦場」竟成了「黃粱一夢」。

雖然其他地方也有礦，但條件都談不攏，主要是有礦源的地方，都希望亞泥能到當地設廠，而不僅僅是採礦而已，因為這關係到地方的稅收問題，舉例來說，一噸礦的售價只有十多塊錢人民幣，稅收有限；但一噸水泥卻可以賣到數百元人民幣，就有百分之十七的增值稅收，對地方的財務挹注相當可觀。

另覓礦源毫無斬獲，建廠一事就這麼耽擱了下來。

這一等，就等了四年！二〇〇五年，四川廠籌建順利，張才雄於是回到湖北，想要解決懸宕已久的礦源問題，費了一番功夫後，終於在江西亞東廠長江對岸的湖北省黃岡市轄下武穴市，找到了礦源。那裡有一個國營老水泥廠想賣掉，張才雄決定買下來拆掉重建新廠，但條件是要爭取更多的礦源，提供給湖北亞東陽邏廠生產。

二〇〇五年，「黃岡亞東」終於成立！原有的老舊水泥廠走入歷史，一切設備全部拆除，亞泥重新蓋了新的一套窯，原來的工作人員則由原廠資遣。但是，湖北亞東陽邏廠距離黃岡亞東武穴礦場足足有兩百多公里遠，必須大費周章將礦石運來，這種作法讓許多同業不解，這樣有競爭力嗎？

毫無疑問，他們小覷了張才雄這個湖北「老」鄉！他選廠除了要看

「礦源」、「市場」之外，還會多看兩樣：「長江」與「副料」。陽邏與武穴廠都緊臨長江，正好可以利用長江水運輸送，旁邊又有湖北省最大的陽邏發電廠，日常有大量的脫硫石膏和粉煤灰等廢棄物，正是水泥最好的副料，反而可以大大降低生產成本。事後證明，張才雄果然是深謀遠慮的老帥。

好不容易解決了礦源問題，張才雄再回頭談陽邏廠的土地問題時，省府內部卻出現了不同的聲音。經過這麼長的時間，地價上漲，早已不同以往，有官員就主張，時空環境已經改變，與亞泥之間的投資協議內容應該調整。但是，亞泥還是希望維持當初協議書上的條件，此外，還有許多難題，導致始終無法取得土地證。為此，羅省長與張才雄相約早餐會，一同與會的還有發改委、國土局與環保局等相關主管機關官員。

這次的會面是決定性的關鍵，沒有退路。張才雄深思熟慮後，覺得應該先站在對方的立場思考，再以亞泥有能力推動循環經濟的獨特優勢，獲得省長支持，進而說服其他人贊成。唯有如此，才不致讓省長為難，對亞泥未來的每一步也才會有所裨益。

武漢是正在蓬勃發展的工業城，大量廢料無法處理，已經造成地方上嚴重的汙染，因此「循環經濟」成為羅省長最重要的政策之一。既然陽邏有那麼多電廠廢棄物可作為水泥的副料，那麼讓「垃圾變黃金」的做法，就非常符合羅省長積極推動的「循環經濟」計畫了。張才雄不但說之以理，強調亞泥有能力落實省長理念，協助導入「資源永續」的循環經濟，更動之以情，強調先前都是為了解決礦源問題，才會導致建廠時程耽誤這麼多年，如果無法依照當初簽約條件的話，建廠成本暴增，「我對公司很難交代啊！」

經過這麼一番利弊得失分析，羅省長當場要其他官員發表意見，結果大家都同意維持原本投資協議條件。隔天，一切手續馬上辦妥，延宕多年的建廠事宜終於塵埃落定。

■循環經濟領先同業

水泥製程若善用廢棄物作為副料，既能夠解決環保問題，又可以節省很多成本，還能增加水泥許多功能，是一種「多贏」的「循環經濟」。舉例而言，電廠兩大廢棄物，一是除硫產生的脫硫石膏，可當作水泥裡的緩凝劑，一是粉煤灰則具有增加水泥強度的功能，而鋼鐵廠的廢料，礦渣，也是一種水硬性材料，磨細後加入水泥便成為「礦渣水泥」，後期強度會逐漸增加。亞泥從日本得到的成功經驗是，一般水泥研磨的細度約 3400cm^2/g 即可，但是，礦渣需要磨到約 4500cm^2/g，強度才能完全發揮，所以要分開研磨，然後再混在一起。但武漢當地水泥廠很少使用礦渣，也不太懂得要將礦渣與熟料分開來研磨，而是將兩者混在一起，如此一來，強度就出不來。

張才雄剛到武漢時，發現大量的礦渣被倒進水塘裡，感覺浪費之餘，也讓他發掘了一個大商機。他開始與當地最大的武漢鋼鐵公司洽談合作，希望以較低的成本取得礦渣，同時確保原料來源無虞。雙方相談甚歡，武漢鋼鐵廠也就允諾將優先提供礦渣給亞泥。

於是，二〇〇〇年，張才雄選擇在鄰近鋼鐵廠的東西湖區成立了「武漢亞東」研磨廠，廠址位於長江支流的漢江邊，利用輸送帶，即可把江西廠運來的熟料轉運到廠裡，加工後直接銷售到武漢市。當時，輸送帶要經過當地的棉花廠，還要穿越大馬路，不但面臨各種阻力，難度也很大，後來幸好獲得政府相關部門的鼎力相助，才完成綿延兩公里多、經過鬧區的「棉花廊道」輸送帶。當年負責籌備的田隆回憶說：「承辦人為了就近幫忙亞泥，不但在辦公桌旁空出一張桌子給我用，還帶著我跑遍各個單位，一一蓋章！」

過去沒人要的礦渣，被「武漢亞東」大量使用製成「礦渣水泥」，不但品質很好，利潤較高，也成為亞泥在中國大陸市場的「金雞母」，很多重要工程如長江二橋，也指定使用，同業們看到這塊市場大餅，紛紛跟進搶食，導致後來礦渣的用量愈來愈大，也變得愈來愈貴，價格從每噸十元飆漲十倍，到了每噸一百元。有些水泥廠看到「錢」景如此美好，居然把從前填水塘的礦渣都挖起來，去掉水分後再使用！

面對這些一窩蜂跟進、有樣學樣的挑戰，張才雄和團隊不但不擔心，反而促使他們開發出另一個高毛利的「祕密武器」：「濕媒灰」製程。

過去電廠習慣將煤灰倒進水塘，經年累月淤積成周邊寸草不生的「煤灰塘」。一般水泥廠只用乾煤灰，但陽邏廠卻大膽採用德國新研發的「立式滾磨」，剛好與中國大陸特有的「濕媒灰」是天作之合，替當地解決了電廠煤灰廢料處理的環保問題，開創了「循環經濟」的另一個最佳範例。

一般水泥廠都建有研磨廠，就是俗稱的「一貫廠」，但如果距離市場較遠，亞泥就會選擇在當地電廠或鋼鐵廠附近設研磨廠，就近取得廢料當成副料。「武漢亞東」是第一個研磨廠，之後成立的「南昌亞東」研磨廠，則是與南昌鋼鐵廠合資，亞泥占了百分之七十五股權，南昌鋼鐵廠則有百分之二十五。而「揚州亞東」研磨廠除了旁邊有電廠，又緊臨長江，可以銷到長江下游的龐大市場。這些研磨廠日後都成為亞泥獲利極高的「小金雞」。

■三角優勢獨領風騷

「人算不如天算！成敗不在過程，而在最後定輸贏。」

張才雄無論面臨多大的艱難，總能以睿智的決策，帶領團隊迎風破浪，開創新局。「湖北亞東」雖然因為各種阻撓，讓建廠時間延宕經年，卻也因此避開了房地產崩盤、水泥市場低迷的困乏歲月。二〇〇九年，中國大陸為因應金融風暴，提出了四兆元人民幣刺激經濟方案，水泥行情由黑翻紅，此時，「湖北亞東」陽邏廠一號窯適時投產，隨即開出亮麗紅盤，一路走來的坎坷與艱辛，終於換得了豐美的果實。

二〇一〇年，亞泥伸出經營觸角，併購武漢本土唯一的水泥廠：武漢鑫凌雲水泥，成立了「武漢亞鑫」水泥廠（武漢市南邊），加上「武漢亞東」研磨廠（武漢市西北邊）以及「湖北亞東」陽邏廠（武漢市東北邊），三個廠剛好位於武漢的金三角據點，形成所謂的「三角優勢」，也是武漢市唯一設有水泥廠的集團，在擁有絕對不敗的市場優勢下，很快發展成為武漢市產能最大的水泥業者。

亞泥能夠在這一次併購戰中勝出，過程頗具戲劇性。當時負責接洽的張振崑回憶，武漢鑫凌雲水泥是由白手起家的董事長程志強，聯合十八個股東成立的，本來有一家當地的國營水泥廠想要併購，亞泥得知後馬上與他接上頭談條件，就在程董事長為併購案左右為難時，他父親說：「要找一家有誠信，能夠幫你賺錢的公司。」一語點醒夢中人！程志強與其他股東仔細評估討論後，決定選擇「亞泥」。張才雄獲悉好消息，馬上從台灣飛過去，一天就拍板定案，成為亞泥在中國大陸併購案的首例！

武漢鑫凌雲水泥位於江夏區的烏龍泉鎮，早期這裡有很多立窯、研磨廠，空氣汙染嚴重，石灰石也是屬於一窩一窩好壞混雜的「雞窩礦」，後來改成小旋窯，日產量也僅有兩千五百噸，設備與技術都很落後，廠房也是看起來灰暗無比，誠如員工形容：「以前上班必須全副武裝，下班後除了兩個眼睛，其他地方都是厚厚一層灰。」但張才雄評估後認為這些都不是問題，可以改善。這是一場徹頭徹尾的革新，團隊努力了很久，才陸續將一些機器更新或改良，同時，在管理制度上，也完全導入亞泥的系統，過程雖然繁瑣，卻也藉此成功建立了日後併購的參考模式。

拭去昔日的灰暗沉寂，如今，改頭換面的「武漢亞鑫」，已經不冒灰了，空氣清新了，廠區也添增了許多綠意花草，與生活休閒設施，工作環境截然不同過往，日產量也已達到三千兩百噸，比以前多出了百分之二十的產量，水泥的品質更提升許多，同時，掛上「洋房牌」的標誌後，每噸的售價更比以前多出了二十元人民幣，而且持續獲利中。

溶洞地質與百年大水災

湖北省是「千湖之國」，位於長江沿岸的陽邏廠址原來是個地勢低窪的魚塘，溶洞的問題比江西廠還嚴重，除了打樁灌漿外，因為地底下堆積很多泥漿，必須先把泥漿挖掉填入大量的土，才能墊高地勢，那時候土方稀少，價格也貴，廠區那麼大，每墊高一公分，都要花很多時間與經費。但若不墊高，廠區就有淹水的可能。

張才雄回想小時候洪水來犯的情景，還心有餘悸。那時住在沿岸的人，視大水為猛獸，只要鑼聲一響，就表示情況危急，催促老百姓去救堤。所以日後無論江西或湖北建廠，張才雄都很注意地面的高度，也做好了隨時防範惡水的準備。

武漢的地勢有很多地方比長江水平面還低，平時都靠建高堤擋水，但是，萬一洪水與內澇一起發生，像江西「九八水災」一樣就慘了，因此，當初「湖北亞東」建廠時，基於成本考量，將設備較貴重的主要生產區域地勢墊得較高，石灰石大倉及砂岩、黏土倉則較低一些。

還好張才雄有這樣「未雨綢繆」的準備，二〇一六年七月，武漢市發生百年來最大的水患，豪雨不斷，內澇的水太多，而閘門又為了夏日防洪關閉，無法宣洩到長江去調節，再加上抽水站幫浦壞了，水沒有地方排放，水位就一直高漲，全市一片汪洋，民宅都泡在水裡，損失慘重。那幾日，大水先是淹到附近的柴泊村，後來陽邏廠也難以倖免，不久大倉跟著淪陷，遠遠望去，一些機器被水吞噬了大半，只剩下生產區主設備還沒被水淹。徐董事長看到傳回來的照片急壞了，馬上問「張資政」：「該怎麼辦？」

「造成這次淹水的問題是內澇，跟洪水沒有關係。」徐董事長原本以為是長江潰堤，張才雄第一時間和他說明，又向他解釋洪水與內澇的差異，「現在大倉雖然淹了，但窯、磨都沒有進水，只要水一退，兩三天內就可以恢復生產，影響不大。」張才雄判斷徐董事長心裡著急的是，淹水是否會造成停窯等後續的問題，所以馬上告知他不會影響生產，客戶不會斷料，徐董事長就安心了！

■高科技實驗室嚴控品管

陽邏廠有一棟占地幾百坪的實驗室，是亞泥（中國）的研發中心，擁有各種高科技儀器，以及專業技術人才，從事各種分析研究報告，媲美先進的生技或科技業。

天然石灰石礦源，會因為區域不同、深淺含量差異而有不同的變化，使得在製程中，需要各種精密的調配技術來克服，才能達到品質的穩定性。因此，張才雄非常嚴格要求品管：「若有人實驗作假，我一定開除。」否則，如果數以萬噸的熟料因實驗數據作假導致品質不佳，要如何處理？更別說會對商譽造成難以彌補的傷害。

中國大陸對於水泥管理制度，會因為各種需求、配料含量不同，而有許多標號，例如鄉村地區較常使用價廉、熟料含量較低的低標號水泥；而城市則會採用價格較高的高標號水泥；更高階更貴的，則用於公共工程或作為基樁使用，因此有硅酸鹽水泥、礦渣水泥、複合水泥的PII52.5、PO42.5、PC32.5及PSA42.5、PSB32.5等標號，與台灣截然不同。也由於對品管的嚴格監控，「洋房牌」水泥在中國大陸享有一定的聲譽。

早期有不少人曾問過張才雄：「同業大都採取併購方式，擴大市占率，你為什麼要那麼辛苦自己建廠呢？」

「以前沒有想過併購，是因為當時中國大陸的水泥廠，設備與技術都相當落後，如果是為了賺錢而去併購品質不好的舊廠，就不符合當初創辦人交代：『要把好東西帶回去』的精神。但現在，中國大陸面臨水泥產能供需失衡，開始嚴格控管新廠的設立，因此，併購似乎成為擴大市場版圖的主要策略之一。」

自一九九三年起，張才雄帶了一群「開路先鋒」到中國大陸打江山，從江西開始，一步一腳印為亞泥的事業版圖墾掘扎根，最讓人嘖嘖稱奇的是，他曾於二〇〇〇年走過癌症的打擊、還不小心在二〇〇九年摔斷腿，打上了鋼釘，但所有的病痛都打不退他對水泥的熱情，即使拄著拐杖，也要親自領軍建廠，發揮工業人對理想堅持到底的精神，在中國大陸蓋起一座座像花園般現代化的「不落灰」水泥廠。直至二〇一四年以九十歲高齡卸下副董事長一職，張才雄一共在中國大陸蓋了十二套窯，包括江西六套、四川三套、湖北兩套及黃岡一套，另外還併購了三套窯。

回首二十年來在中國大陸建廠的艱辛，張才雄說：「處處有困難，但也都解決了。沒有團隊的力量是做不好的。」創辦人及徐董事長的「信任」，給了他不一樣的人生舞台，他希望延續這種精神，讓跟自己一起奮鬥的人，有發揮才華、逐夢成真的一天。「每個夥伴，都是成就自己人生的貴人，而作為領導者最重要的，就是用心待人，打造一個好的團隊，把你我變成我們，把每一個個體，變成一個整體，帶領一群平凡的人，創造不平凡的事。」

■泥中打滾一甲子、滿頭青絲換華髮！

七十歲，當很多人已歡享含飴弄孫之樂時，張才雄才開始到中國大陸偏鄉上山下海探勘礦源，籌備建廠；九十歲，他仍邁著穩重而堅定的步履冒險攀高，看著一手打造的長輸送帶宛如巨龍盤山踞嶺、傲然挺立……那築夢的過程就如同他的人生，總是無畏無懼、鍥而不捨，不斷跨越一座又一座的艱險山頭，最終達到成功的彼端。

第十四章 卸下戰袍

事業的成敗，端賴領導者一連串的決策品質。張才雄總是說：「做事要成功，老闆跟夥計要互信。」即使卸下戰袍，他對水泥的熱情依舊，雖然昔日一起打拚的夥伴都已成了「銀髮兵團」，但有許多人效法老長官的精神，至今還無怨無悔地堅守在崗位上，而這位叱吒兩岸幾十年的水泥界老兵，對於一生致力的「產業創新」理念，仍懷抱著樂觀與想望。

■第二次開刀

二〇〇九年八月某一天，當時高齡八十五歲的張才雄一如往常起了個大早，梳洗之後，他坐到圓形餐桌上準備吃早餐，並打算翻閱一下報紙。平常報紙都是由夫人親手遞給他的，然而那天早上她為了探視住院的親人，將報紙放在圓桌上就出門去了。報紙大約距張才雄一個座位遠，他試著伸手拿不到，只得起身跨了一步，回頭要坐下的時候，距離沒拿捏好，竟一屁股坐到椅子邊緣，早已脫落橡皮墊的鐵椅腳架，被張才雄這麼一坐，就在大理石地板上滑開了，張才雄止不住勢，就這樣硬生生地跌坐在硬梆梆的地板上。

一切發生得太突然，當下張才雄的大腿髖骨球窩關節扭轉了一個角度，讓他痛得倒臥在地上無法動彈。夫人不在，他使出全身最大的氣力呼救，人在院子的印尼籍看護一進來看見他倒在地上，也慌了手腳，張才雄一邊忍著痛，一邊示意她把電話遞過來，馬上打給了亞泥祕書處主管周維崑。

「那天我正巧比平常早到公司，接到電話時，正按鈕準備往辦公室的樓層。」周維崑回憶，當天還有兩、三位同事已經在辦公室了，於是緊急呼叫了救護車，幾個人直接衝到張才雄家裡，這時張夫人正從外頭返家，遠遠看到有救護車停在家門口，心裡有不祥的預感……。

救護車一路疾駛，疼痛不已卻依然冷靜如常，指揮若定的張才雄，一面指引救護車將他送到台大醫院，一面聯絡熟識的醫師，說明他的狀況。經過初步診治之後，轉送亞東醫院。醫生告訴他：「摔傷腿的狀況有兩種處理方式，一種是開刀加鋼板及鋼釘，在上面鎖螺絲；另一種是臥床一個月，用打石膏的方式扳回來。」就像平常做決策一樣明快俐落，張才雄毫不遲疑選擇了最快的方法：開刀！因為如果打石膏，對年歲已高的人來說，耗時長復原慢，而且效果不確定。

手術非常成功，開完刀三天後，張才雄就自己靠著四腳助行器試著走上幾步路，也學著慢慢爬樓梯。聽說有些病人手術完兩三天後，螺絲會鬆掉，所以每當腳痛，他就很擔心腿裡的螺絲鬆掉了，萬一還要再開一次刀就麻煩了。因為一開刀，微血管就被切斷，年輕人復原得快，但他年紀那麼大，血液不流通，腳就容易冷，會愈來愈無力，心繫工作的張才雄可不想再來一次。

腿傷絲毫沒有阻礙他對工作的熱情與衝勁！一個月後，張才雄又飛往大陸，依然上山下海，奔波在相隔千里的四個新廠之間，並於二〇一〇年陸續完成四川三號、黃岡一號、江西四號以及湖北二號等四套窯的投產。張才雄將榮耀歸於同甘共苦的夥伴：「我們平常就一直在訓練建廠的團隊，也有一套標準的SOP，有了幾次開窯的經驗，大夥都非常熟練，而且，愈到後面的窯效能愈好，產量也愈多」

肯定團隊，卻自律甚嚴。張才雄在大陸各廠的宿舍都特意安排在四樓以上，目的是為了隨時都能看到水泥窯運轉，掌控全局；開刀後為了訓練腿力，他甚至拒絕搬到一樓，堅持自己拄著拐杖上上下下，每天來回至少四趟、攀爬五百多階樓梯，「我拿拐杖爬樓梯的速度，很多同仁都還趕不上呢！」那久經風霜的臉龐與瘦弱的身軀背後，到底藏著多麼強大且異於常人的鋼鐵意志啊！

為了讓受傷的關節更靈活，醫生建議他去游泳，因此他經常在上班前去晨泳，讓自己工作起來更有活力。很多後輩都會好奇問他：「您怎麼愈來愈像條活龍？」

其實，在摔傷腿之前，張才雄很喜歡爬山，有很長一段時間，他幾乎每天早上四點多便起床，花上一個多小時攀登台北象山的九五峰，這條山路並不平坦，早期有一段甚至還要拉繩索才上得去。他常常會做些運動再下山，回家梳洗後便精神颯爽地去上班，不但工作一整天都不覺疲累，做事效率也提高了，這個習慣維持了六、七年。二〇〇七年徐董事長巡視江西廠時，兩人還曾相約一起爬難度更高的黃山。

他也十分喜歡和大夥一起爬山，雖然年歲已高，但他還是可以臉不紅氣不喘地攻頂，連年輕人都跟不上他的腳步，像是擔任過總工程師的蘇世英，就曾經跟他一起爬山爬到腳抽筋。「我享受爬山的過程，在那個時刻，可以讓自己的思慮更清晰，視野更寬廣，很多煩惱也都拋到腦後了。」

工作之餘，張才雄還有個極為風雅的嗜好，就是收集錢幣。因為經常出國考察，每到一個國家，他就會努力蒐集，像是奧林匹克的紀念錢幣，從一九五二年芬蘭奧運開始至今的每一屆紀念幣他都有；另外，諸如英國的維多利亞殖民時代的錢幣、美國各州的錢幣、日本天皇即位、世界盃發行的金幣，乃至於古錢幣等等，琳瑯滿目。在花蓮廠建廠時期，往往晚上一個人在宿舍沒事，他就開始整理這些寶貝，典藏之豐富令人驚嘆，如果有機會的話，他希望辦一次錢幣個展，將這些錢幣的美與世人分享。因為這些經過歲月撫觸的錢幣，不僅有他的指痕、有他走過的足跡，也有他水泥人生的印記。

真心與信任

張才雄常說自己是「夥計」，但董事長對待他卻有如家中「長輩」般敬重，也就是這種「真心相待」的情誼，讓他更覺得自己肩頭的責任重大，不容懈怠。他的夫人就常常念道：「總看他呆坐在那裡，不知又在想些什麼？」張才雄永遠要求自己：老闆會想到的，他要早一步先想到，老闆沒想到的，他更要主動想到。

一九九一年，亞泥公司還在台北市寶慶路遠東百貨六樓，有一天，張才雄看到一則火災新聞，突然警覺：我們也有防火措施嗎？他急忙找來財務主管邵瑞蕙：「邵啊！我們那個金庫到底安不安全？」「安全啊！怎麼會不安全？」邵瑞蕙回答。但張才雄卻不安心：「妳要注意啊！要有防火的準備。」邵瑞蕙心裡一怔：「對啊，萬一火災了怎麼辦？」

那時，緊貼著牆壁的金庫，存放著有價證券及各種重要文件，在張才雄再三提醒下，邵瑞蕙和同仁們合力把金庫拉開，讓牆壁留出一些空隙，結果一周後，遠東百貨大樓慘遭祝融肆虐，清晨四點，邵瑞蕙趕到現場，看到火勢一發不可收拾，直往六樓擺金庫的地方竄燒，她急得像熱鍋上的螞蟻！

第二天，火勢熄滅了，忐忑一整夜的邵瑞蕙第一時間衝去金庫，打開一看，裡面的所有文件都完好如初，只被大火燻出一點點黃色的煙漬。她萬分慶幸：「如果當時沒有將金庫搬離牆面，裡面的東西應該都燒光了吧！」也由於張才雄嚴謹的要求，邵瑞蕙將所有重要的單據、憑證等等都放在金庫裡面，所以，亞泥在這場火災中損失最小，也是遠東集團關係企業中復原最快的公司。

張才雄常說，「老闆有失敗的權利，但做夥計的不行，凡事都要對老闆負責，把事情做成功。」就是這種小處著眼大處著手、心思敏銳細膩的行事風格，才能步步為營，帶領團隊通過各種天災人為的考驗，在業界創造出一次又一次的奇蹟。

當初赴中國大陸，張才雄本來只想蓋好兩套窯就退休的。二〇〇〇年大腸癌第一次動刀，他就已萌生了辭意，但是在整個手術過程中，徐董事長的關懷之情深深感動了他，讓他始終開不了這個口；直到二〇〇三年，江西二號窯投產，當時他年屆八十歲，希望把舞台讓給年輕人，於是再次向徐董事長提出辭呈。

但沒幾天，楊明德（徐董事長姊夫，時任採購處副總）來了，他很委婉地表示：「老闆說，你如果要辭職，不就是『拆夥』了嗎？我們又找不到合適的人接棒嘛！你得要再做一段時間。」徐董事長還親自慰留他：「我實在不好意思開口，但公司確實需要你幫忙……」當老闆的都做到這個地步了，做「夥計」的還能說什麼呢？這一「合夥」，又是十幾年過去。

就是這種被需要的使命感，讓張才雄永遠心心念念著：「我還能為公司做些什麼？」

一碗軟軟的麵

張才雄的腸胃一向不好，常常只能以麵為主食，徐董事長每次和他一起吃飯，總是會很貼心地交代廚房，一定要特別幫他煮一碗「軟軟的麵」；知道他喜歡吃什麼，也總是會主動夾給他吃。綿軟的麵條吃在嘴裡，總是融化成一股暖意，細細地、慢慢地流淌到張才雄心裡……

每年生日，總有許多人想為張才雄慶生，但都被個性低調的他婉拒。就在他九十歲大壽那一年，徐董事長特別交代大家要好好為他慶生，並且預定了遠東飯店的宴會廳，他不好拒絕，但還是很有技巧地將規模縮小，僅限亞泥同仁參加，即便如此，聞訊而來祝賀的好友卻仍是絡繹不絕，場面溫馨感人。

自一九六三年進入亞泥，張才雄一路走來已接近一甲子，對於兩代老闆毫不保留的「信任」，總是銘記在心，其實他所做的許多決策，像是引進新技術、新設備、蓋最好的廠等等，常常引發外界不少雜音，也有人直接向徐董事長反映：「建廠成本比同業高，花太多錢……」但兩任老闆始終信任他的決定，從來沒有質疑。「我只是一個平凡的人，何其有幸，能夠獲得老闆這樣的支持完成理想，這一生，值得了！」

這些年來，張才雄寫過N封辭職信，但徐董事長都不收。二〇〇七年，在關係企業聯席會上，他致詞時表示自己都八十三歲了，實在不好再位居要職，應該把舞台讓給年輕人。徐董事長聽了開玩笑地對大家說：「他在我心中是永遠的三十八歲！那麼有幹勁！」於是，「永遠三十八歲的常董」成為亞泥企業凝聚士氣的一股力量與傳奇。

回首與前瞻

二〇一四年十月，闖蕩大江南北二十餘年、身經百戰的張才雄，卸下了亞泥（中國）副董事長的頭銜，回到台北擔任「資政」，他仍然是每天上下班，並不定期地到大陸巡視他親手建造的水泥廠，舉凡亞泥（中國）各個廠區的問題，徐董事長都會先問問「張資政」。

回望一路走來的人生，少年時期，戰火就熔毀了他的親情與天倫，爸爸、媽媽及十個兄弟姊妹各奔東西，最終只有他一人隻身來到台灣。他很明白自立自強才是生存之道，愈是孤獨無助、舉目無親，愈是要奮發向上、兢兢業業，「孤身一人，沒有後援，也沒有退路！」他珍惜每一個機緣，全靠自己一步一腳印，力爭上游。

直至遇見創辦人及徐董事長，讓他的人生有了重大的轉折，他發揮了真知卓見與才能，扭轉外界觀感，將台灣水泥業從灰塵瀰漫，蛻變成不冒灰、注重生態環保的行業；之後又將亞泥花蓮廠的成功經驗移植到中國大陸，不但開啟了亞洲水泥的發展新頁，也改變了兩岸水泥業的生態，有人形容他是亞泥的「孫運璿」。

回憶初到亞泥的日子，在新竹廠工作十年，張才雄連過年都不曾休假；花蓮廠一號窯點火、熟料出來的那天晚上，他看到宿舍門前掛了員工孩子們送的讀者文摘和糖果，才想起那天是自己的生日；從第一份工作開始，七十餘年的漫長職涯裡，他戰戰兢兢地勞碌奔忙每一天，不曾間斷，他豐富的人生閱歷就如同一本厚厚的兩岸水泥史，足供後輩汲取經驗與智慧、咀嚼再三；而在他臉上縱橫交錯的每一道皺紋，都雋刻著生命中每一次的磨難與考驗。

近年來，看著水泥業供需失衡，又遭受環保團體的嚴苛挑戰，著實讓這位貢獻畢生心血於「產業環保」、年近百歲的業界耆老感慨萬千！「我還能做些什麼？」

翻開塵封在記憶裡的水泥業革新歷程，想起許多無怨無悔堅守崗位的夥伴，張才雄既感慨又期許：「所有水泥工業人的努力是會讓人感動的，產業創新的力量，未來也一定會被看見、被肯定。」

寫在最後

趙愛卿

在採訪過程中，「常董」（亞泥人習慣如此尊稱他）張才雄常說：「我現在年紀大了，有很多事情都忘了，以前我連廠裡每一位員工名字都記得……」然而，以他受訪時高齡九十三歲，卻記憶力驚人，還清楚記得三歲以前歡樂童年以及十三歲後抗日逃難的驚險歷程，娓娓道來猶如昨日事般清晰……有一次，他忽然忘了一九九三年去東北探勘時當地某代表的名字，就打電話問六十三歲的方履興，結果方也記不起來，掛上電話後，他馬上說：「我想起來了……」

他常說，「信任」是決定事業成功的關鍵。老闆的信任與支持，才能讓領導者勇於擔當，組成一支很堅強的團隊，充分授權並給予發揮的舞台，讓他們愈做愈有成就感，才能激發更多的可能性，讓企業版圖不斷拓展……雖然，他總自謙是一個平凡的「夥計」，但在外人看來，卻是「千軍易得，一將難求」，能忠心為「老闆」打天下的「領導者」。

「創辦人對於張才雄，可以用『完全信任』來形容。」祕書處主管周維崑記得，有一次張才雄為員工大幅調薪，將有些主管等級的職務加給幾乎增加一倍，調幅之大前所未見，他一看，嚇了一跳，說道：「這怎麼往上送？」結果，創辦人不但照准，同時，由於關係企業眾多，為免閒言閒語，還未雨綢繆公開地說：「將來哪一家公司賺的錢像亞泥一樣多，就比照辦理！」當初創辦人為了將張才雄升任總經理，全力擴展事業，刻意將跟隨他多年的財務副總，升任到其他關係企業擔任董事長，各展所長，這種企業家「用心惜才」的胸襟，不是一般人做得到的。

張才雄始終相信：「以誠待人的重要，而作為領導者，一定要贏得人心。」總廠長張志鵬就說：「他的人格特質、專業素養，及強烈的責任感，總能凝聚團隊的力量，大家一起挑燈夜戰學習、研究、創新，無論我們做得如何，他總是靜靜觀察，從不做無謂的干擾，而且會適時給予支援與鼓勵，常董常說：『要懂得欣賞自己，相信自己可以做得更好。』這就是領導者的氣度。」

在長期的訪談過程中，談到很多工程專業技術，他會花很多時間，很仔細地解釋，甚至再三說明，對於一甲子在「泥」中打滾的經歷，說到得意之作，他會流露很興奮像童顏般的笑容，對水泥的熱情始終如一，談到遭遇的波折，他也沒有任何怨言，大不了以他習慣的動作，摸摸左耳朵，皺皺眉頭，總是很有修養地說：「做任何事都有困難，生氣不能解決問題，反而會影響團隊士氣，作為領導者，一定要能化危機為轉機，帶領團隊在困苦的時候，依然能夠達成任務。」

張才雄雖給人不怒而威的正氣，卻從來沒有怒言罵人，贏得很多人的尊敬，前花蓮廠首席副廠長何恆張就說：「他常說自己沒有高學歷，想學的時候到處躲轟炸，但他帶起的自學精神，已經成為花蓮廠的文化，哪怕是最基層的工人，請教他問題。他都會耐心傾聽，詳細解說，而且記在心裡，下次遇到他時，還會問懂了嗎？這一點就很不容易。」方履興更直言：「跟他做事很愉快，雖然他要求很高，但你只要盡力了，縱然結果不如預期，也不會責怪你，就算老闆責怪，他也會扛下來。你有困難問他，他一定會想辦法找出一個解決方案，無論公事或私事……」

他是一位自律極為嚴謹，卻對員工很好，非常重感情的主管。在花蓮廠，他永遠住在很小的單身宿舍，常說：「我一個人，有熱水洗澡就夠了！」卻鼓勵跟著他從西部到後山打拼的團隊，帶家人一起過來住，並蓋起一棟棟透天厝，做為員工宿舍，而且，因為廠裡賺錢了，就不斷增建網球場、籃球場及游泳池等休閒設備，希望提供員工良好的生活環境。離開花蓮廠多年後回去，發現當年照顧他生活起居的阿嫂退休了，就問出她住在哪裡，然後自己去買盒水果前去探望道謝。

在一次隨行赴大陸的採訪過程中，沿路看到中國大陸的水泥廠，仍有一些設備灰塵滿布，但是，一到亞泥（中國）廠門口，首先映入眼簾的就是花團錦簇，扶疏花木修剪整齊，棕紅色的水泥窯，有窯棚覆蓋，像潔淨的藝術品。

在江西廠坐電梯上一百公尺高的預熱機頂，往下俯瞰如今建立起礦、廠、港連在一起的壯觀場景，很難想像當初這裡是一片荒廢的魚池區。站在圍欄旁，望向長江，張才雄娓娓道來他是如何規畫建立起來的……，看得出來他是下棋高手，布局深遠，慎思熟慮，不會貿然下決斷，也就是這種個性，老闆才會那麼信任他。隨行的張振崑也說：「除了大方向的決策，他對建廠的細節，更是要求完美，每次巡視，他都是一階階樓梯爬上來，從來不坐電梯！他認為：『這是最好的走動式管理方式』。」

到了四川，要去看長輸送帶，必須爬一段山路，並不好走，而且有斜坡，張才雄雖然拄著拐杖，卻是一馬當先，完全不需要旁人攙扶，步伐之敏捷，挺直的背影，有如識途老馬的登山青壯年，完全看不出來他當時已經九十三歲，而且還曾摔斷腿打上人工關節，用老當益壯還不足以形容。站上輸送帶人行道旁，望向蜿蜒山中有如小長城的壯觀景致，他會開心握拳拍照，興奮之情自然流露。而當筆者第一次看到那種壯闊氣勢，除了讚嘆，更驚訝：「這是怎麼建成的？」

在湖北亞東廠預熱機頂上，他看到旁邊的工廠在冒灰，又像孩童發現別人作弊般，開心指著說：「你看，他們正在冒灰呢！」每到一個窯，他都會凝視很久，然後要求在窯前拍照，這些都是他艱辛建造的寶貝；每去一個廠，他也會召集同仁精神講話，給所有人加油，然後與大家合照，他總是笑得很開心。這些白髮蒼蒼的資深主管，都覺得跟他合作很愉快，時任湖北亞東副總田隆就說：「他會不厭其煩地花很多心思去溝通，凝聚團隊的向心力，很少有領導者有這樣的耐心和包容力。」

張才雄畢生奉獻給他最愛的水泥事業，但他的家庭生活也經營得很美滿。夫人劉碧連自信地形容，她跟張才雄是「鶼鰈情深」。劉碧連是家中的獨生女，早年跟張才雄是港務局同事，婚後全職帶四個孩子；原本劉碧連想跟張才雄一起去大陸，但被張才雄拒絕：「他不讓我去，要我『只要把家看好就好』。」

張才雄也說，他之所以能夠全力拚事業，劉碧連幫助很大：「她能全職帶小孩，這是了不起的地方。她一個人很辛苦，工作配合我，家照顧好，我衷心感激。兩人合作才能成功，讓我無後顧之憂。」

張家的四個孩子，都是台大高材生，兩個博士、兩個碩士。很多人都好奇問張才雄：「您是怎麼做到的？」他強調以身作則的重要，說：「我因為工作忙，不能全盯著他們，所以我讓他們從小去讀管理最好的私立學校，回到家裡，我從來不會在他們面前看電視，吃完飯，大家坐在飯桌上一起看書，早上我起來聽英文課，他們也跟著唸……」

他工業人誠實面對問題的態度，也深深影響了孩子。大兒子張元翰尚在台大念物理系的時候，當時的諾貝爾獎得主丁肇中來台灣，要選一位做為他的研究助理，初選了十五位在圓山飯店親自面試，題目是：「潛水艇是透過什麼方式與外界聯繫？」那天，他親自送孩子去，結果看他一臉茫然地出來，說：「我的答案是：不知道！」沒想到，他這種「知之為知之，不知為不知」誠實面對問題的態度，成為獲選的主因，之後擔任過中央大學物理研究所所長；大女兒張元茜則是國際知名洛克菲勒基金會執行長；小女兒張元蒂在美國哈佛大學機構主持一個醫學研究團隊；小兒子張元祥從事通訊研究在美國創立公司，也被知名集團收購，各有傑出表現。

二〇一五年，全家族老老小小十幾個人，去美國探望多年不見的小女兒，結果一到當地，聽說公司發生一些事情，他馬上叫大兒子陪他趕回台北。像他這樣年紀的人，早該享受承歡膝下的生活，但在他心目中，最重要的還是摯愛一生的水泥事業，以及終身要對老闆負責的「夥計」。即便已經退下戰場回到台北擔任資政，他還是每天拎著沉重的公事包上下班，很多人好奇問他，為何總是帶那麼多文件，張才雄說：「我每天還要看很多資料，董事長問到我時，我要能夠隨時回答，以及思考公司未來的發展……」

近年來，大陸水泥用量最高已達每年二十四億噸，約占全球用量近六成，人均用量將近兩千公斤，未來增長有限，並且面臨嚴重產能過剩的情況；因此，亞泥未來要繼續發展，勢必要到其他國家去尋找商機。高齡近百歲的張才雄，奉獻亞泥近一甲子，他的努力與成就，毫無疑問已是「名人堂級」的標竿與典範；但畢竟歲月不饒人，心有餘而力不足，這開疆闢土的重責大任，必須交棒下去，讓年輕一代的主管，一棒接一棒，在徐旭東董事長的領導下，持續發揮遠東集團「誠、勤、樸、慎與創新」的立業精神，以團隊的力量，為亞泥的永續經營再創新局。

人與土地 37

與泥結緣一甲子

——水泥工藝領航者 亞泥張才雄回憶錄

口　述—張才雄
採　訪—趙愛卿
照片提供—亞洲水泥
特約編輯—葉惟禎
校　對—余欲弟、周維崑、李子明、蔡祐吉、顏嘉璐
責任編輯—陳萱宇
主　編—謝翠鈺
企劃主任—賴彥綾
封面設計—陳文德
美術編輯—趙小芳

董 事 長—趙政岷
出 版 者—時報文化出版企業股份有限公司
108019台北市和平西路三段二四〇號七樓
發行專線—(〇二)二三〇六六八四二
讀者服務專線—〇八〇〇二三一七〇五
(〇二)二三〇四七一〇三
讀者服務傳真—(〇二)二三〇四六八五八
郵撥—一九三四四七二四時報文化出版公司
信箱—一〇八九九　臺北華江橋郵局第九九信箱

時報悅讀網—http://www.readingtimes.com.tw
法律顧問—理律法律事務所　陳長文律師、李念祖律師
印　刷—勁達印刷有限公司
初版一刷—二〇二一年十一月二十六日
定　價—新台幣三五〇元

與泥結緣一甲子：水泥工藝領航者 亞泥張才雄回憶錄 / 張才雄口述；趙愛卿採訪 . -- 初版 . -- 臺北市：時報文化，2021.11
面；　公分 . -- (人與土地；37)

ISBN 978-957-13-9588-3(平裝)
1. 張才雄 2. 水泥工業 3. 回憶錄 4. 臺灣

783.3886　　　110017460

ISBN 978-957-13-9588-3
Printed in Taiwan